Gerald Schmola

Modernes Personalmanagement im Krankenhaus

Das Konzept des Employee Relationship Managements

Verlag W. Kohlhammer

Dieses Werk einschließlich aller seiner Teile ist urheberrechtlich geschützt. Jede Verwendung außerhalb der engen Grenzen des Urheberrechts ist ohne Zustimmung des Verlags unzulässig und strafbar. Das gilt insbesondere für Vervielfältigungen, Übersetzungen, Mikroverfilmungen und für die Einspeicherung und Verarbeitung in elektronischen Systemen.

Die Wiedergabe von Warenbezeichnungen, Handelsnamen und sonstigen Kennzeichen in diesem Buch berechtigt nicht zu der Annahme, dass diese von jedermann frei benutzt werden dürfen. Vielmehr kann es sich auch dann um eingetragene Warenzeichen oder sonstige geschützte Kennzeichen handeln, wenn sie nicht eigens als solche gekennzeichnet sind.

Es konnten nicht alle Rechtsinhaber von Abbildungen ermittelt werden. Sollte dem Verlag gegenüber der Nachweis der Rechtsinhaberschaft geführt werden, wird das branchenübliche Honorar nachträglich gezahlt.

1. Auflage 2016

Alle Rechte vorbehalten
© W. Kohlhammer GmbH, Stuttgart
Gesamtherstellung: W. Kohlhammer GmbH, Stuttgart

Print:
ISBN 978-3-17-030539-7

E-Book-Formate:
pdf: ISBN 978-3-17-030540-3
epub: ISBN 978-3-17-030541-0
mobi: ISBN 978-3-17-030542-7

Für den Inhalt abgedruckter oder verlinkter Websites ist ausschließlich der jeweilige Betreiber verantwortlich. Die W. Kohlhammer GmbH hat keinen Einfluss auf die verknüpften Seiten und übernimmt hierfür keinerlei Haftung.

Inhalt

1	Einführung: Personal als zentrale Erfolgsressource im Krankenhaus	9
2	Employee Relationship Management – Personalmanagement plus	14
3	Diversity Management – Unterschiede gezielt managen ..	20
3.1	Was ist Diversity Management?	20
3.2	Diversity-Faktoren im Krankenhaus	21
	3.2.1 Alter	22
	3.2.2 Geschlecht	25
	3.2.3 Behinderung	26
	3.2.4 Sexuelle Orientierung	27
	3.2.5 Kulturelle Unterschiede	27
3.3	Herausforderungen und Perspektiven	30
3.4	Einführung von Diversity Management	32
3.5	Probleme bei der Umsetzung	34
3.6	Maßnahmen zur Akzeptanzsicherung	35
4	Work-Life-Balance – Berufliches und privates Leben in Einklang	38
4.1	Notwendigkeit von Work-Life-Balance-Maßnahmen	38
4.2	Instrumente	41
	4.2.1 Arbeitszeitmanagement	42
	4.2.2 Maßnahmen der Mitarbeiterbindung	51

	4.3	Familienbewusste Krankenhauskultur als Erfolgsparameter	60
5		**Change Management – Veränderungen erfolgreich gestalten**	63
	5.1	Notwendigkeit und Auslöser von Veränderungen im Krankenhaus	63
	5.2	Widerstand gegen Veränderung	69
	5.3	Phasen des Change-Prozesses	82
		5.3.1 Drei-Phasen-Modell	82
		5.3.2 Acht-Phasen-Modell	85
		5.3.3 Vier-Zimmer-Modell	88
	5.4	Maßnahmen im Change-Management-Prozess	93
		5.4.1 Maßnahmen für die gesamte Belegschaft	94
		5.4.2 Maßnahmen, an denen ein Teil der Mitarbeiter teilnimmt	100
		5.4.3 Individuelle Maßnahmen	108
6		**Healthy Leadership – Krankenhäuser gesundheitsbewusst führen**	113
	6.1	Bedeutung des Faktors Gesundheit	113
	6.2	Rechtliche Vorgaben	117
	6.3	Gefährdungsbeurteilungen	125
	6.4	Gesundheitsgespräche	131
		6.4.1 Grundidee und Zielsetzung	131
		6.4.2 Ausgewählte Kennzahlen des Arbeitsunfähigkeitsgeschehens	134
		6.4.3 Instrument Gesundheitsgespräch	135
		6.4.4 Beteiligungs- und Mitbestimmungsrechte	137
		6.4.5 Gesprächsführung	138
	6.5	Betriebliches Eingliederungsmanagement	139
	6.6	Implementierung eines Betrieblichen Gesundheitsmanagements	140
		6.6.1 Schritte der Einführung	141
		6.6.2 Kernprozesse	143
	6.7	Führung und Gesundheit	148

7	Talentmanagement – Talente finden, entwickeln und binden	153
	7.1 Inhalt und Bedeutung von Talentmanagement	153
	7.2 Kernfelder des Talentmanagements	156
	7.2.1 Attraction: Das eigene Krankenhaus als attraktiver Arbeitgeber	156
	7.2.2 Onboarding: Den Mitarbeiter ins Krankenhaus integrieren	160
	7.2.3 Development: Mitarbeiter gezielt entwickeln	165
	7.2.4 Retention: Die Mitarbeiter an das Unternehmen binden	174
	7.2.5 Placement: Die Mitarbeiter richtig einsetzen	177
8	Compliance – den Mitarbeitern Orientierung geben	179
	8.1 Bedeutung von Compliance......................	179
	8.2 Mitarbeiterbezogene Felder von Compliance	180
	8.3 Schlussfolgerungen für das ERM	188

Literatur 189

Stichwortverzeichnis 193

1 Einführung: Personal als zentrale Erfolgsressource im Krankenhaus

Die heutige Arbeitswelt im Krankenhaus unterliegt einem starken Wandel. Aus dem medizinisch-technischen Fortschritt resultiert immer mehr Spezialwissen, sodass an einer Behandlung selbst innerhalb von Berufsgruppen oftmals diverse Personen beteiligt sind und die Halbwertszeit des Wissens gering ist. Mitarbeiter sind Träger der Kompetenz, des Wissens und der tätigkeitsspezifischen Erfahrung, ohne die kein Krankenhaus erfolgreich agieren kann. Geräte und sonstige Ausstattung sind nur Mittel zum Zweck, ohne einen Beschäftigten, der diese wirtschaftlich und zielgerichtet einsetzen kann, sind sie letztendlich wertlos. Der zukünftige Erfolg einer Klinik hängt infolgedessen entscheidend vom Faktor Mensch ab.

Der Anteil der Mitarbeiter von Krankenhäusern, die eine hohe emotionale Bindung an ihre berufliche Tätigkeit und zu ihrem Arbeitgeber haben, ist gering. Ursachen dafür gibt es viele. Den Beschäftigten ist oftmals unklar, was von ihnen konkret erwartet wird. Die Vorgesetzten sehen sie nicht als eigene Persönlichkeit, sondern nur als Arbeitsfaktor, der eine Position ausfüllt. Teils werden sie an falschen Stellen eingesetzt, die nicht ihren Fähigkeiten oder Bedürfnissen entsprechen. Zuletzt wird oft kritisch gesehen, dass die Meinung der Mitarbeiter nicht interessiert oder dieser kaum Gewicht zugestanden wird. Die Folgen sind vielfältig: Wenig engagierte Mitarbeiter sind weniger produktiv, weisen oftmals eine höhere Krankheitsrate auf, zudem steigt die Fluktuation an. Des Weiteren empfehlen diese Beschäftigten ebenso seltener das Krankenhaus als Leistungserbringer, wie auch als Arbeitgeber an Bekannte. Zuletzt sind sie im Regelfall gestresster, planen ihre Karriere nicht mit ihrem derzeitigen Arbeitgeber und haben weniger Freude an der Arbeit. Ebenso wie Geräte Energie und Wartung benötigen, gilt dies auch für die Mitarbeiter. Energie entsteht beispielsweise aus Lob, angemessenen Arbeitszeiten, die Wartung weist einen engen Bezug zur Fort- und Weiterbildung auf. Durch das zunehmende Durchschnittsalter der Bevölkerung, einerseits resultierend aus dem Anstieg der Lebenserwartung und andererseits durch die Abnahme des Anteils jüngerer Bevölkerungsteile, nimmt die durchschnittliche Schweregrad eines Krankenhauspatienten weiter zu. Künftig werden vermehrt hochbetagte, multimorbide Patienten im Krankenhaus sein, deren Behandlung komplex und aufwändig wird. Um den Anforderungen gerecht werden zu können, gewinnt lebenslanges Lernen an Bedeutung. Eine kontinuierliche Weiterbildung der Mitarbeiter ist unabdingbar.

Das traditionelle Personalwesen legte den Fokus auf die Verwaltung von Personal. Zu Zeiten, in denen in allen Berufsgruppen genügend Arbeitskräfte vorhanden waren, genügte es auf den ersten Blick, die Mitarbeiter »buchhalterisch« zu erfassen. Übersehen wurde jedoch, dass die Einarbeitung eines neuen Beschäftigten zeitlich und finanziell aufwändig ist, sowie die Tatsache, dass durch das Ausscheiden eines Mitarbeiters immer auch Wissen verloren geht. Der zunehmende Wettbewerb um Personal verlangte einen professionelleren Umgang mit Mitarbeitern. Die Personalabteilung wurde zunehmend bedeutender und deren Einsatzgebiet erweitert. Beispiel ist etwa ein eigener Bereich für die Personalentwicklung. Den nächsten Evolutionsschritt stellt das Employee Relationship Management (ERM) dar. Es basiert auf den Grundprinzipien des Costumer Relationship Management (CRM), welches auf den loyalen Kunden als Hauptziel von kundenspezifischen Aktivitäten abzielt. ERM sieht den Mitarbeiter daher als internen Kunden, der zum loyalen Beschäftigten entwickelt werden soll. Im Fokus stehen dabei der Beziehungsaufbau und die Beziehungspflege zwischen dem Krankenhaus und seinen Mitarbeitenden.

Die folgenden sechs Kapitel geben einen Einblick in die zukünftige Weiterentwicklung des aktuellen Personalmanagements hin zu einem ERM-Ansatz. In **Kapitel 2** werden die Grundlagen eines ERM aufgezeigt, insbesondere wird auf Querbezüge zum CRM eingegangen. ERM beinhaltet keinen eigenen, komplett neuen Ansatz, sondern versteht sich als systematische Weiterentwicklung bzw. Ergänzung des aktuellen Personalmanagements in Kliniken. Analysiert man die Mitarbeiterschaft eines Krankenhauses, so stellt man fest, dass die Beschäftigten sich anhand vielfältiger Faktoren wie Alter, Geschlecht oder Herkunft unterscheiden. Ein ERM-Ansatz möchte die Chancen einer solchen Vielfalt nutzen und die daraus resultierenden Gefahren vermeiden. Diversity Management ist somit integraler Bestandteil von ERM. **Kapitel 3** zeigt die Diversity-Faktoren auf und beschäftigt sich mit der Frage, wie Vielfalt dem Krankenhaus durch gezielte Steuerung nutzen kann. Ebenso werden Herausforderungen behandelt, die eine »bunte« Mitarbeiterschaft mit sich bringt.

Die Veränderung der Arbeitsformen selbst, wie die Entstehung der Telearbeit, bei der Mitarbeiter einen Teil der Arbeit ortsunabhängig und zeitlich flexibel verrichten können, wird durch die Nutzung moderner Kommunikationsmittel, wie Laptops und Smartphones, mit denen von überall aus und jederzeit gearbeitet werden kann, begünstigt. Dabei verschmelzen die Grenzen zwischen Arbeits- und Privatleben zunehmend. Einerseits sind diese technologischen Entwicklungen von Vorteil, da die Flexibilität der Arbeitnehmer erhöht wird. Es ermöglicht ihnen, private Termine und Aufgaben besser wahrzunehmen. Andererseits besteht die Gefahr, dass sich das Berufs- zunehmend in das Privatleben verlagert. *Always on*, d. h. permanent erreichbar zu sein, lautet die Devise vieler Führungskräfte, wodurch sie ihre Freizeit nie wirklich zur Erholung nutzen können, sondern ständig dem Druck der Arbeit unterliegen. Auch außerhalb der Führungsbereiche haben Beschäftigte mit einer Dauerbelastung zu kämpfen, etwa wenn im Pflegedienst aufgrund von Ausfällen immer wieder eingesprungen und auf Freizeit verzichtet werden muss. **Kapitel 4** widmet sich deshalb der Frage der Vereinbarkeit von Privat- und Berufsleben. Es zeigt Ansätze auf, wie mitarbeiterorientiert eine bessere Synthese der beiden Bereiche gelingen kann, ohne dass die Leistungsbereitschaft und -qualität des Krankenhauses darunter leidet.

Der weiterhin hohe ökonomische Druck im Krankenhaussektor hat in den vergangenen Jahren zu einer enormen Arbeitsverdichtung geführt. Weniger Mitarbeiter müssen immer mehr leisten und dies zunehmend unter Zeitdruck. Um wettbewerbsfähig zu bleiben, sind Kli-

1 Einführung: Personal als zentrale Erfolgsressource im Krankenhaus

niken gezwungen, Veränderungs- und Umstrukturierungsmaßnahmen vorzunehmen, um die gesamte Ablauforganisation zu verbessern. Innerhalb dieser Veränderungsprozesse liegt es in der Verantwortung der Führungskräfte, den Wandel so zu gestalten, dass er von allen Mitarbeitern begleitet und auch getragen werden kann. Unzureichende Kommunikation über laufende Prozesse, Vorhaben und Ziele der Umstrukturierung können ansonsten schnell Unsicherheit und Ängste bei den Mitarbeitern hervorrufen. **Kapitel 5** beschäftigt sich deshalb mit der mitarbeiterorientierten Gestaltung von Veränderungsprozessen. Es werden die Grundlagen von Veränderungen dargestellt und auf typische Widerstände in Change-Prozessen eingegangen. Vielfältige Instrumente werden vorgestellt, mit denen es möglich ist, mitarbeiterorientiert Veränderungen erfolgreich zu gestalten.

Ein weiterer Aspekt, der die Krankenhäuser vor enorme Herausforderungen stellt, ist der Mangel an Mitarbeitern, insbesondere im ärztlichen und pflegerischen Dienst. Durch den demografischen Wandel wird sich diese Problematik noch weiter verstärken. Je mehr sich das Durchschnittsalter der Beschäftigten erhöht, desto wichtiger ist es, dass Arbeit die Gesundheit nicht negativ beeinträchtigt, sondern die Erwerbstätigkeit bis zum Rentenalter gefördert wird. Gefragt sind daher Konzepte einer gesundheitsbewussten Krankenhausführung. Um im Wettbewerb um die Arbeitskräfte bestehen zu können, bedarf es einer Positionierung als attraktiver Arbeitgeber. Neben einer angemessenen Bezahlung sind insbesondere Konzepte gefragt, die eine Ausgewogenheit zwischen Privat- und Berufsleben ermöglichen. **Kapitel 6** zeigt Ansätze zur gesundheitsorientierten Führung auf. Dargestellt werden unter anderem die Bereiche Gesundheitsmanagement, berufliches Wiedereingliederungsmanagement und Gesundheitsgespräche sowie der Zusammenhang zwischen Gesundheit und Führung.

Kliniken als personalintensiver Dienstleister sind davon abhängig, einerseits gute Mitarbeiter auf dem Arbeitsmarkt zu gewinnen und andererseits vorhandene Talente zu erkennen und zu fördern. Kliniken müssen sich als attraktive Arbeitgeber präsentieren, neue Beschäftigte strukturiert in das Krankenhaus einbinden sowie vorhandene Potenziale durch Entwicklungsmaßnahmen fördern. Zudem muss es gelingen, Mitarbeiter an das Krankenhaus zu binden und die Beschäftigten an den richtigen Stellen einzusetzen. Mit diesen Aufgaben setzt sich **Kapitel 7** auseinander, wobei ein besonderer Schwerpunkt auf zu gewinnende oder bereits vorhandene Talente in der Klinik gelegt wird.

Neben den inhaltlichen Anforderungen an Medizin, Pflege und Therapie sind die Beschäftigten zudem mit vielfältigen rechtlichen Anforderungen konfrontiert, die sie als Einzelner kaum überblicken können. Kliniken sind daher aufgefordert, ihren Mitarbeitern Handlungsleitlinien an die Hand zu geben und sie zu schulen, wie sie sich gesetzeskonform verhalten können. **Kapitel 8** beinhaltet die Thematik Compliance mit Fokus auf das Ziel, den Mitarbeitern dadurch mehr Sicherheit in ihrem Handeln zu geben.

2 Employee Relationship Management – Personalmanagement plus

Die wirtschaftlichen und wettbewerblichen Rahmenbedingungen von Krankenhäusern haben sich in den letzten Jahren deutlich verändert. Um im neuen Marktumfeld erfolgreich bestehen zu können, haben Kliniken sich zunehmend um die Gruppe der Patienten, Zuweiser und Kostenträger bemüht. Ziel ist es, durch ein gezieltes Management der Beziehungen, neue Kunden zu gewinnen, aktuelle zu binden oder verlorene zurückzugewinnen. Das sogenannte Customer Relationship Management (CRM) fand Einzug in den Krankenhaussektor. Auch wenn im Vergleich zu anderen Sektoren, die bereits seit vielen Jahren CRM-Ansätze verwenden, die beziehungsorientierte Denkweise in Kliniken noch nicht in allen möglichen Facetten eingesetzt wird, hat sich die Philosophie des Umgangs mit den Kunden doch deutlich verändert.

CRM bezeichnet die konsequente Ausrichtung einer Klinik auf seine Kunden und die systematische Gestaltung der Kundenbeziehungsprozesse. Die wichtigsten Kennzeichen eines solchen Vorgehens sind:

Kundenorientierung
Im Zentrum von CRM steht eine konsequente Ausrichtung sämtlicher Aktivitäten des Krankenhauses an den Bedürfnissen der Kunden, soweit dies organisatorisch und medizinisch möglich ist.

Langfristigkeit der Kundenbeziehungen
Angestrebt sind andauernde Kundenbeziehungen als Voraussetzung für eine langfristige Kundenbindung, welche zur wirtschaftlichen Sicherung des Krankenhauses beitragen sollen.

2 Employee Relationship Management – Personalmanagement plus

Wirtschaftlichkeitsorientierung
Der Fokus der Kundenbearbeitung sollte hierbei auf Kunden liegen, die besonders profitabel sind.

Individualisierung durch Differenzierung der Kundenbeziehung
Eine Kundenbearbeitung erfordert eine Differenzierung der Kundenbeziehungen sowohl im Hinblick auf Dienstleistungen als auch auf den Dialog mit dem Kunden. Hierzu sind die Wünsche und Bedürfnisse zu identifizieren und nachhaltig zu bearbeiten.

Die kundenzentrierte Vorgehensweise hat vielfach zu positiven Erfahrungen und erfolgreichen betriebswirtschaftlichen Ergebnissen geführt. Bislang nicht in die neue Denkweise eingebracht wurden dagegen die Mitarbeiter. Es ist daher sinnvoll, dass eine Adaption der Methode auch in das Personalmanagement erfolgen sollte, in dem Beschäftigte als interne Kunden betrachtet werden, zu denen es eine Beziehung aufzubauen und diese zu pflegen gilt.

Unter ERM ist daher eine Strategie zu verstehen, mit der die für ein Krankenhaus geeignetsten Mitarbeiter ausgewählt und diese an die Klinik gebunden werden sollen. Endziel ist eine möglichst hohe Anzahl an engagierten und loyalen Mitarbeitern. Um erfolgreich sein zu können, ist eine mitarbeiterzentrierte Krankenhauskultur zur Unterstützung eines wirkungsvollen und wirtschaftlichen Personalmanagements nötig.

Mitarbeiterloyalität entsteht in fünf Stufen (Stotz 2007, S. 22f.):

1. Stufe: Bezahlung
Hierunter ist die monetäre Kompensation der Arbeitsleistung gemeint. Das Entgelt ist oft leicht zu überbieten und kann daher nur die unterste Basis von Loyalität sein. Eine aus Sicht des Mitarbeiters als zu gering angesehene Dotierung erschwert jedoch alle weiteren Loyalitätsbemühungen deutlich.

2. Stufe: Sicherheit
Die Sicherheit des Arbeitsplatzes sowie der Wunsch nach Arbeit in einer berechenbaren Organisation stellen die zweite Voraussetzung für Loyalität dar.

3. Stufe: Unterstützung
Neben der Unterstützung bei auftretenden Problemen fällt hierunter auch die Möglichkeit zur fachlichen und persönlichen Entwicklung.

4. Stufe: Information und Interaktion
Gewährleistet sein muss die richtige Dosis von Information und Interaktion. Neben der angemessenen Menge kommt es vor allem auf die Qualität der Informationen und der Kommunikation zwischen den Kollegen sowie den Führungskräften und Mitarbeitern an.

5. Stufe: Emotionale Ebene
Primär geht es um die Anerkennung für Leistung und Verhalten.

Viele Kliniken haben in den letzten Jahren der Fort- und Weiterbildung einen hohen Stellenwert beigemessen. Alle Investitionen in die Personalentwicklung laufen jedoch in die Leere, wenn die Mitarbeiter nicht motiviert sind oder andere Gründe vorliegen, die sie in ihrer Leistung behindern. Erst die Loyalität einer möglichst hohen Anzahl von Beschäftigten ist letztendlich die Basis für eine erfolgreiche Arbeit.

Verkehrt wäre es zudem, Potenzial mit Leistung gleichzusetzen. Potenzial beinhaltet zunächst nur den Bildungsstand des Mitarbeiters sowie seine Fähigkeit, Neues zu erlernen und anzuwenden. Ebenso sind bisherige Erfahrungen diesem Bereich zuzuordnen. Unter Motivation versteht man die grundsätzliche Leistungsbereitschaft. Trotz guten Potenzials gelingt es Beschäftigten teilweise nicht, ihr Potenzial abzurufen. ERM will deshalb ermitteln, welche Bedürfnisse des Mitarbeiters erfüllt sein müssen, damit er seine Potenziale entfalten kann.

Regelmäßig hat zudem das Umfeld großen Einfluss auf die Leistungen der Mitarbeiter. Hierzu zählen beispielsweise die technischen und organisatorischen Voraussetzungen am Arbeitsplatz sowie das Betriebsklima und das Verhältnis zum direkten Vorgesetzten.

Leistung ergibt sich letztendlich aus der Schnittmenge zwischen Potenzial, Motivation und Umfeld. Je größer deren Schnittmenge ist, desto höher ist die Leistung.

2 Employee Relationship Management – Personalmanagement plus

Um ERM im Krankenhaus etablieren zu können, muss in einem ersten Schritt die interne Kundengruppe »Mitarbeiter« spezieller beschrieben werden. Als Bezugsgruppen sind die derzeit aktiven Beschäftigten, potenzielle Mitarbeiter und ehemalige Mitarbeiter zu nennen.

Die aktuellen Beschäftigten sind im Krankenhaus samt ihrer wichtigsten persönlichen Daten bekannt. Sie haben die größte Bedeutung von den drei Bezugsgruppen. Ihre Potenziale und Motivation gilt es zu erschließen, um nachhaltig erfolgreich agieren zu können.

Die Ansprache und die Behandlung von möglichen Mitarbeitern tragen wesentlich zum Ansehen des Krankenhauses bei und beeinflussen so die Marke der Klinik als Arbeitgeber. Ziel ist es, mit einem vertretbaren Aufwand die notwendigen Mitarbeiter gewinnen zu können. In einem Arbeitsmarkt, der durch einen Mangel an qualifizierten Arbeitskräften gekennzeichnet ist, entscheidet oftmals das Image des Krankenhauses über seinen Erfolg im Werben um Beschäftigte. Auch potenzielle Mitarbeiter werden von der Aussicht auf Befriedigung emotionaler Bedürfnisse und Wünsche angesprochen. Zentral ist, sich bereits im Bewerbungsprozess als zuverlässiger Arbeitgeber zu zeigen. Lange Wartezeiten bei der Beantwortung von Bewerbungen oder die deutliche Verspätung des Gesprächspartners bei der Vorstellung sind Negativbeispiele, die nicht zum Aufbau eines guten Rufes geeignet sind.

Ehemalige Mitarbeiter werden oftmals als Kundengruppe völlig außer Acht gelassen. Dies ist jedoch ein Fehler. Mitarbeiter im Ruhestand verfügen regelmäßig über große Netzwerke und können so als Multiplikator für das Krankenhaus fungieren. Eine Einladung zu Betriebsfeiern stellt beispielsweise einen Baustein zur Aufrechterhaltung des Kontakts dar. Ebenso sollte zu Mitarbeitern, die aus eigenem Wunsch die Klinik verlassen haben, weiterhin Kontakt gepflegt werden. Oftmals ergibt sich eine Kündigung aus persönlichen Umständen. Beispiele sind der Umzug an einen anderen Ort oder die aktuell nicht vorhandene Möglichkeit, beim derzeitigen Arbeitgeber den nächsten Karrieresprung zu machen. Die ehemaligen Mitarbeiter geben ihre Erfahrungen und Eindrücke an Andere weiter, insbesondere soziale Netzwerke spielen hierbei eine zunehmend wichtige Rolle. Zudem kann sich zu einem späteren Zeitpunkt die Möglichkeit einer Rückkehr ergeben, die mit höherer

Wahrscheinlichkeit durch den Ehemaligen in Betracht gezogen wird, wenn der Kontakt zwischenzeitlich aufrechterhalten wurde. Gleiches gilt für Praktikanten oder Auszubildende, die nicht direkt nach Beendigung ihrer Tätigkeit in das Unternehmen aufgenommen werden konnten.

Der zweite Schritt eines ERM ist die Differenzierung der Mitarbeiter nach Bedürfnissen, Wünschen und Erwartungen sowie nach deren Bedeutung für das Krankenhaus. Die Unterscheidung nach Bedürfnissen, Wünschen und Erwartungen stellt sicher, dass eine mitarbeiterorientierte Interaktion ebenso möglich wird, wie individuelle Angebote (z. B. Arbeitszeiten). Grundlagen sind die bereits vorhandenen Mitarbeiterdaten sowie Informationen aus Mitarbeitergesprächen und -befragungen.

Ein weiterer Differenzierungsansatz stellt die Unterteilung nach der Bedeutung für das Krankenhaus dar. Ein besonderes Augenmerk richtet ERM auf Mitarbeiter mit hoher Leistung oder Entwicklungspotenzial. Leistungsträger sollen durch Anerkennung ihrer Leistung an das Krankenhaus gebunden werden. Beschäftigten mit Entwicklungspotenzial werden gezielt Defizite aufgezeigt und Hilfen zur fachlichen und persönlichen Entwicklung angeboten.

Dritter Schritt des ERM ist die Interaktion mit den Beschäftigten. Die persönliche Kommunikation ist unerlässlich für den Aufbau der emotionalen Bindung von Mitarbeitern. Zudem ist sie insbesondere in Zeiten von Veränderungen unabdingbar, will man Change-Prozesse erfolgreich gestalten. Kommunikation muss nicht immer im Gespräch erfolgen, auch schriftliche Kommunikation (z. B. Befragungen) oder elektronische Kommunikation (z. B. E-Mail) ist möglich. Die Einbindung der Mitarbeiter in für sie wesentliche Planungen und Entscheidungen gehört ebenso zur Interaktion wie die umfassende, offene und ehrliche Kommunikation über die Belange des Krankenhauses. Für eine erfolgreiche Interaktion gibt es kein Kochbuchrezept. Mitarbeiter sind immer dort abzuholen, wo sie sich gerade befinden. Zudem sind die individuellen Ansprüche der Beschäftigten zu berücksichtigen. Reicht bei einem Mitarbeiter eine kurze E-Mail aus, ist bei einem anderen möglicherweise eine persönliche Kommunikation erforderlich.

Im vierten Schritt geht es um die gezielte Gestaltung von Leistungen für die Beschäftigten. Weiß man über die individuellen Bedürfnisse, Wünsche und Erwartungen Bescheid, können dem Mitarbeiter gezielt Leistungen angeboten werden, die einen hohen Beitrag zu seiner Zufriedenheit leisten können. Beispiele sind flexible Arbeitszeitmodelle, Lohnzusatzleistungen wie Dienstwagen oder kostenfreies Mittagessen und Weiterbildungsangebote.

Letztendlich wird sichtbar, dass in allen Bemühungen des ERM das Management der Beziehung zum Mitarbeiter eine tragende Rolle spielt. Hierin liegt der wesentliche Weiterentwicklungsschritt zum bisherigen Personalmanagement, in dem die Beziehungsebene nur unzureichend Berücksichtigung fand.

3 Diversity Management – Unterschiede gezielt managen

3.1 Was ist Diversity Management?

Diversity Management (Vielfaltsmanagement) möchte die Vielfalt von Mitarbeitern konstruktiv für den Unternehmenserfolg nutzen. Inhalt ist folglich nicht nur die Tolerierung von individueller Verschiedenheit der Beschäftigten, sondern deren positive Wertschätzung. Weder das Bemerken noch das Tolerieren von Vielfalt bedeutet, dass Diversity gemanagt wird. Erreicht werden soll eine produktive Arbeitsatmosphäre bei gleichzeitiger Verhinderung einer Diskriminierung von Minderheiten. Nicht die Minderheit ist der Fokus des Diversity Managements, sondern die Gesamtheit der Beschäftigten mit ihren Unterschieden und Gemeinsamkeiten. Die Unterschiede und Gemeinsamkeiten der Mitarbeiter eines Krankenhauses lassen sich in bestimmten Dimensionen betrachten. Personelle Vielfalt kann gut anhand des »4 Layers of Diversity«-Modells von Gardenswartz und Rowe systematisiert werden (Gardenswartz und Rowe 2003).

Persönlichkeit umfasst all jene Aspekte einer Person, die als persönlicher Stil bezeichnet werden können. Die Merkmale sind zumeist schwer erfassbar.

Beispiel: Einstellung gegenüber anderen Menschen

Die *interne Dimension* umfasst die relativ unveränderbaren Merkmale. Diese finden auch in Gleichbehandlungsgesetzen Berücksichtigung.

Beispiele: Alter, Geschlecht, Behinderung, ethnische Herkunft, Nationalität, sexuelle Orientierung

Charakteristisch für die *externe Dimension* ist die Veränderbarkeit der zugehörigen Merkmale. Einige Merkmale unterliegen dabei typischerweise häufig Änderungen, andere sind bei vielen Personen lebenslang konstant.

Beispiele: Einkommen, Berufserfahrung, Ausbildung, Gewohnheiten, Freizeitverhalten, Familienstand, Religion und Weltanschauung

Die *organisationale Dimension* schließlich ist durch die Art der Zugehörigkeit innerhalb eines Krankenhauses bestimmt.

Beispiele: Dauer der Betriebszugehörigkeit, Arbeitsinhalte, Abteilung, Arbeitsort, Gewerkschaftszugehörigkeit

Die Dimensionen können nicht isoliert voneinander betrachtet werden, da sie miteinander verbunden sind und teilweise in Wechselwirkung zueinander stehen. Jeder Mensch zeichnet sich durch einen für ihn individuellen Mix aus den Faktoren der jeweiligen Dimension aus.

3.2 Diversity-Faktoren im Krankenhaus

Der Leitgedanke des Diversity Managements ist die Wertschätzung der Vielfalt von Mitarbeitern. Ziel ist es, die Personalprozesse und Personalpolitik eines Krankenhauses so auszurichten, dass einerseits die Belegschaft die demografische Vielfalt der Bevölkerung widerspiegelt sowie andererseits alle Beschäftigten Wertschätzung erfahren und motiviert sind, ihre Fähigkeit zum Nutzen des Unternehmens einzusetzen. Diversity Management setzt sich mit der Analyse von Strukturen, Personalprozessen sowie der Veränderung der Krankenhauskultur auseinander. Es hat primär nicht die Einhaltung von Gesetzen (z. B. AGG) zum Ziel, die Einhaltung ist vielmehr ein Nebeneffekt. Gefordert ist ein ganzheitliches Konzept des Umgangs mit personeller und kultureller Vielfalt zum Nutzen aller Beteiligten. Die Umsetzung ist kein kurzfristiges Projekt, das im Rahmen von wenigen Monaten nebenbei erledigt werden kann. Es setzt eine längerfristige Veränderung der Krankenhauskultur voraus, welche durch mehr Offenheit und einen wertschätzenden Umgang gegenüber Unterschieden gekennzeichnet ist. In einem ersten Schritt ist daher ein Bewusstsein für Vielfalt zu schaffen sowie deren Bedeutung für eine gute Zusammenarbeit und den Erfolg der Klinik zu vermitteln. Auch bei der Rekrutierung von Personal kann versucht werden, gezielt spezielle Gruppen anzusprechen (z. B. Mitarbeiter mit Migrationshintergrund).

Um einen beziehungsbasierten Ansatz im Personalmanagement realisieren zu können, müssen sich Kliniken mit dem Thema der Vielfalt und deren gezielter Steuerung beschäftigen. Besondere Bedeutung haben dabei Faktoren aus der internen und der externen Dimension (▶ Abb. 3.1).

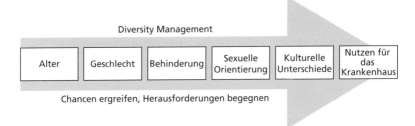

Abb. 3.1: Diversity-Faktoren im Krankenhaus

3.2.1 Alter

Der Faktor »Alter« ist aufgrund des demografischen Wandels von elementarer Bedeutung, dies zeigt sich auf vielfältige Art und Weise:

Altersstrukturen
Kliniken sollten sich systematisch mit der Altersverteilung in der gesamten Organisation wie auch in einzelnen Bereichen und Abteilungen

auseinandersetzen. Ausgehend von der Ist-Situation kann anhand von Hochrechnungen die Personalstruktur abgebildet werden, wie sie sich im Laufe der nächsten Jahre entwickelt. Aus dem Szenario lassen sich entscheidende Rückschlüsse für die Personalplanung ziehen, indem frühzeitig entstehende quantitative und qualitative Lücken im Personalbestand erkannt werden. Zielgerichtete Nachfolgeplanungen beispielsweise im Rahmen des Talent-Managements können helfen, dass auch künftig ausreichend Personal mit den notwendigen Kompetenzen und Fähigkeiten zur Verfügung steht.

Altersgemischte Teams
Altersgemischte Teams sind für Krankenhäuser heutzutage bereits vielfach Realität. Von Vorteil ist, dass erforderliches Wissen durch die älteren Beschäftigten weitergegeben werden kann und die jüngeren Mitarbeitern Erfahrungen sammeln können. Gleichzeitig verfügen jüngere Beschäftigte teilweise über aktuelleres Wissen, wovon auch die älteren Beschäftigten profitieren können. Es ist daher sinnvoll, darauf zu achten, dass Teams (z. B. pflegerische Mitarbeiter auf den Stationen) nicht altershomogen, sondern altersheterogen besetzt werden. Ziel ist es dabei, die erfahrungsbezogenen Kompetenzen der älteren Beschäftigten mit der Dynamik Jüngerer zu verbinden, um so die Basis für Produktivität zu schaffen. Beachtet werden muss jedoch, dass altersgemischte Teams oftmals schwieriger zu steuern sind. Es besteht die Gefahr einer Subgruppenbildung nach Alter innerhalb des Teams, die schnell zu Kommunikations- und Koordinationsproblemen bis hin zu Konflikten zwischen den Subteams führen können. Die Chancen altersheterogener Teams zu nutzen, verlangt eine Offenheit beider Altersgruppen gegenüber der jeweils anderen. Akzeptiert werden muss, dass ältere Mitarbeiter teilweise andere Vorgehensweisen oder Ansichten haben als jüngere Beschäftigte. Voraussetzung dafür ist einerseits eine offene Krankenhauskultur sowie eine Personalauswahl, die auf das Vorhandensein für die Offenheit gegenüber anderen Altersgruppen Wert legt. Sollten Vorbehalte innerhalb der bereits vorhandenen Mitarbeitergruppen bestehen, empfiehlt sich eine gezielte Schulung zu den Vorteilen und Möglichkeiten einer zielgerichteten Zusammenarbeit.

Beschäftigungsfähigkeit sowie Work-Life-Balance
Ziel der Kliniken und auch der Mitarbeiter ist, die Beschäftigungsfähigkeit bis zum Renteneintritt zu erhalten. Entscheidend ist die Bereitschaft der Beschäftigten zu lebenslangem Lernen und der eigenen persönlichen Weiterentwicklung. Zudem können Kliniken im Rahmen von Ansätzen zur besseren Ausgeglichenheit zwischen Arbeits- und Privatleben, diverse Instrumente wie etwa die Flexibilisierung der Arbeitszeiten und -bedingungen einsetzen, um den unterschiedlichen Anforderungen der Mitarbeiter in den Lebensphasen gerecht werden zu können. Die Personalentwicklung hat eine besondere Rolle für das lebenslange Lernen und die persönliche Entwicklung. Personalentwicklungsplanung ist nicht nur etwas für junge Mitarbeiter, sondern auch für Mitarbeitende im Alter 50 und mehr. Um die Beschäftigungsfähigkeit zu erhalten, ist es ebenfalls hilfreich, Gesundheitsprogramme anzubieten und auf eine gesundheitsbewusste Krankenhausführung zu achten. Eine gesundheitsorientierte Gestaltung des Arbeitsplatzes bietet weitere Potenziale, die Leistungsfähigkeit der Mitarbeiter zu erhalten.

Generationenvielfalt
Generationenvielfalt macht sich nicht nur am Vorhandensein von Beschäftigten mit unterschiedlichem Alter fest. Sie ergibt sich auch aus den verschiedenen Werten und Einstellungen der Mitarbeiter. Bei der Generation der *Baby Boomer* handelt es sich um die geburtenstarken Jahrgänge nach dem zweiten Weltkrieg. Die Generation kann knapp als erfolgreich und liberal umschrieben werden. Die *Baby Boomer* haben zum Großteil die Arbeit in den Mittelpunkt ihres Lebens gerückt. Die sogenannte *Generation X* wird als ambitioniert, individualistisch und ehrgeizig charakterisiert. Mitglieder der Generation X sind gut ausgebildet und arbeiten, um sich ein materiell abgesichertes Leben leisten zu können. Im Gegensatz zur Generation der *Baby Boomer* betrachtet die *Generation X* die Arbeit eher als Mittel zum Zweck und nicht als Lebensmittelpunkt. Die *Generation Y*, die derzeit auf den Arbeitsmarkt strömt, stellt besondere Ansprüche an die Krankenhäuser als Arbeitsgeber. Die Tätigkeit soll Sinn machen und Abwechslung bieten. Die *Generation Y* legt daher viel Wert auf Selbstverwirklichung, kann jedoch auch teamarbeitsorientiert agieren und hat eine Kompe-

tenz im Bereich virtueller Anwendungen. Krankenhäuser werden bei der Personalgewinnung aus der *Generation Y* mit anderen Erwartungen als bisher konfrontiert. Die Generation bevorzugt einen offenen Führungsstil, einen Ausgleich von Beruf und Freizeit sowie eine transparente Kommunikation mit den für sie gewohnten Medien. Führungskräfte sind zudem aufgefordert, ein gegenseitiges, wertschätzendes und motivierendes Arbeitsumfeld für alle Altersgruppen zu schaffen.

3.2.2 Geschlecht

Ein zweites wichtiges Gestaltungsfeld ist der Faktor Geschlecht. Aufgrund des demografischen Wandels und des Fachkräftemangels haben Kliniken mehr als bisher erkannt, dass das Arbeitspotenzial von weiblichen Beschäftigten besser genutzt werden muss. Die zunehmende »Verweiblichung« der Medizin macht es notwendig, sich gezielter mit den Bedürfnissen der Zielgruppe auseinanderzusetzen. Einige Berufsfelder im Krankenhaus sind bislang typischerweise zu einem hohen Prozentsatz mit Frauen besetzt, sodass dort umgekehrt die Frage besteht, wie diese Berufsfelder attraktiv für Männer gemacht werden können. Ein Beispiel ist die Veranstaltung eines »Boys Day« im Bereich der Pflege oder medizinisch-technischen Assistenzberufe. Geschlechtergemischte Teams bieten ebenso wie altersheterogene Teams Perspektiven für eine neue, andersartige Arbeitsweise, da dadurch neue Sichtweisen hinsichtlich Führung, Umgang untereinander etc. in bislang homogene Teams eingebracht werden. Frauen sollten daher langfristig und nachhaltig in allen Bereichen eingebunden werden. Ebenso sollte aber eine Einbindung von Männern in bisherige Frauendomänen angestrebt werden. Ziel ist die Nutzung geschlechtsspezifischer Werte, Verhaltensweisen, Umstände und Präferenzen. Krankenhäuser sollten deshalb bestrebt sein, eine Kultur herzustellen, in der sich beide Geschlechter motiviert fühlen, ihren Beitrag zum Erfolg der Klinik zu leisten.

Nicht nur Frauen und Arbeitskräfte der *Generation Y* haben klare Erwartungen an eine Work-Life-Balance. Auch Männer greifen zunehmend auf Programme zurück, die ihnen mehr Zeit mit ihrer Familie ermöglichen. Um sich als attraktiver Arbeitgeber positionieren zu können, stellen Kliniken vermehrt bisherige Arbeitsmodelle in Frage und schaffen Möglichkeiten wie Teilzeit- und Telearbeit auch in Führungspositionen. Außerdem bieten sie Unterstützung beispielsweise bei der Kinderbetreuung.

3.2.3 Behinderung

Menschen mit körperlicher Beeinträchtigung werden im Arbeitsprozess oftmals noch mit verminderter Produktivität gleichgesetzt. Diversity Management kann dabei helfen, die besonderen Fähigkeiten sowie die Potenziale der Beschäftigten aufzuzeigen und zu überlegen, wie Arbeitsprozesse für diese Mitarbeiter vereinfacht werden können. Zentral ist etwa die Barrierefreiheit beim Zugang zum Arbeitsplatz. Weiterhin spielt der Faktor »Behinderung« auch zunehmend im Zusammenhang mit dem Faktor »Alter« Berücksichtigung. Entstehen im Rahmen des Alterungsprozesses Einschränkungen, so ist über eine Anpassung von Arbeitsplätzen an die jeweiligen Fähigkeiten nachzudenken. In der Industrie gibt es zum Teil bereits »DisAbility Manager«, die dafür sorgen, dass die Einsatzfähigkeit der Mitarbeiter sichergestellt ist. Diese sind in Kliniken bislang nur sehr selten anzutreffen. Das Management hat zum Ziel, die Fähigkeiten der Mitarbeiter und die Anforderungen, die an Arbeitsplätze gestellt werden, zu erfassen, um so ein optimales Zusammenwirken von Beschäftigtem und Arbeitsplatz sicherzustellen. Nötigenfalls werden Anpassungen am Arbeitsplatz vorgenommen bzw. Mitarbeiter für neue Tätigkeiten qualifiziert.

Der Faktor »Behinderung« unterliegt in Deutschland einer gesetzlichen Regelung, der Quote für die Beschäftigung von Schwerbehinderten (5 % für Unternehmen mit mehr als 20 Mitarbeitern). Diversity Management kann dabei helfen, eine Kultur zu etablieren, die genügend Vertrauen schafft, um seine Behinderung anzugeben. Gerade nicht sichtbare Behinderungen werden teilweise aus Angst vor Vorurteilen oder Benachteiligungen verschwiegen. Für das Krankenhaus besteht der Vorteil, die mit einer Nichterfüllung der gesetzlichen Quote verbundenen finanziellen Abgaben zu verhindern. Zudem zeigt die gezielte Beschäftigung von Menschen mit Behinderung auch die Wahrnehmung sozialer Verantwortung durch das Krankenhaus. Auch dies ist ein Faktor, der einerseits in der Öffentlichkeit für ein gutes Image sorgt und anderseits auch bestimmte Teile von potenziellen Bewerbern positiv in ihrer Entscheidung für das Interesse an einer Stelle in der Klinik beeinflusst.

3.2.4 Sexuelle Orientierung

Die sexuelle Orientierung eines Mitarbeiters wird zumeist nicht als relevant für das Krankenhaus eingestuft und als Privatsache bezeichnet. Zunehmend ist in Betrieben jedoch zu erkennen, dass ein aufgeschlossener Umgang mit diesem Vielfaltskriterium sowie eine offene Kultur für Motivation sorgen können. Zudem bietet sich die Chance, einen Zugang zu neuen Mitarbeiter- und Patientengruppen aufzubauen. Vor allem von der jüngeren Generation wird ein offener Umgang mit der sexuellen Orientierung erwartet. Nichtsdestotrotz muss beachtet werden, dass oftmals bei älteren Mitarbeitern und bei Patienten Vorbehalte bestehen, die eine sensible Kommunikationspolitik des Krankenhauses erfordern, damit diese Barrieren Schritt für Schritt reduziert werden können.

3.2.5 Kulturelle Unterschiede

Viele Krankenhäuser haben erkannt, dass sie profitieren, wenn sie gezielt Menschen mit internationaler Herkunft und unterschiedlichen kulturellen Hintergründen beschäftigen. In Kliniken ist ein zunehmender Anteil von Patienten aus fremden Kulturen, sodass Mitarbeiter aus diesen Kulturkreisen eine bessere Befriedigung der Bedürfnisse der Zielgruppen ermöglicht. Die Sprach- und Kulturkenntnisse können sogar der Schlüssel zu neuen Märkten sein. Um eine offene Krankenhauskultur zu fördern, in der ein gegenseitiges Verständnis für unterschiedliche kulturelle Hintergründe besteht, können in Kliniken zum Beispiel interkulturelle Workshops angeboten werden. Zudem kann die Attraktivität des Krankenhauses dadurch gesteigert werden, dass eine Berücksichtigung der Feiertage von unterschiedlichen Religionen vorgesehen ist oder Speisenangebote entsprechend der religiösen Gepflogenheiten angeboten werden. Kulturelle Unterschiede können zu Spannungen und Konflikten zwischen den Beschäftigten führen. Ungleiche Einstellungen und Verhaltensweisen sind oftmals kulturellen Ursprungs. Um Missverständnissen vorzubeugen bzw. diese auflösen zu können, muss ein Verständnis für die Art und den Ursprung des unterschiedlichen Handelns geschaffen werden.

Die Global Leadership and Organizational Behaviour Effectiveness Studie (kurz: GLOBE-Studie) beschreibt neun Dimensionen, die auf das Verhalten und die Einstellung von Menschen Einfluss nehmen (House et al. 2004).

Die Dimension *Unsicherheitsvermeidung* beschreibt den Grad, zu dem Menschen versuchen, Unsicherheiten und unvorhersehbare Situationen zu vermeiden. Kulturen mit einem hohen Bedürfnis nach Sicherheit haben eine geringe Toleranz gegenüber unplanbaren Situationen. Sie versuchen mittels Regeln, Normen, Bürokratie und Szenarien für verschiedenste Gegebenheiten diesen entgegenzusteuern. Deutschland weist einen hohen Grad an Unsicherheitsvermeidung auf, während dieses Verhalten bei Menschen mit türkischer Herkunft deutlich weniger ausgeprägt ist.

Machtdistanz beschreibt den Grad, zu dem Ungleichheiten zwischen Hierarchiestufen und eine Ungleichverteilung der Macht akzeptiert wird. Eine Bewertung erfolgt hierbei aus der Sicht der Menschen auf der untergeordneten Hierarchiestufe. Bei einem hohen Grad von Machtdistanz werden Machtunterschiede akzeptiert, wobei bei einem geringen Grad diese Differenzen in der Machtverteilung kritisch gesehen werden. In Deutschland ist beispielsweise im Mittel die Machtdistanz deutlich mehr akzeptiert, als bei Menschen mit türkischen Wurzeln.

Die *Mitmenschlichkeit* umschreibt das Ausmaß, in dem eine Gesellschaft ihre Mitglieder ermutigt, fair, hilfsbereit und gerecht zu handeln. Deutschland weist hier beispielsweise sehr hohe, Irland relativ niedrige Werte auf.

Gruppenbezogener Kollektivismus bezieht sich auf den Grad, zu dem Individuen Stolz, Loyalität und Gruppenzugehörigkeit zu Organisationen oder Familien nach außen hin zeigen. Ein hoher Grad dieser Dimension weist auf einen starken Zusammenhalt zwischen den Familien- bzw. Organisationsmitgliedern hin. In China ist diese Dimension umfangreicher ausgeprägt als in Deutschland.

Der *institutionelle Kollektivismus* umschreibt das Ausmaß, in dem eine gleichmäßige Verteilung von Ressourcen und Leistungen durch institutionelle Praktiken festgelegt ist. In Schweden ist dies im Gegensatz zu Deutschland weit verbreitet.

Gleichberechtigung der Geschlechter umfasst den Grad, zu dem Gesellschaften traditionelle Geschlechterrollen kritisch sehen und eine Gleichbehandlung fördern. In der Türkei herrscht beispielsweise ein konservativeres Frauenbild vor als in Deutschland.

Zukunftsorientierung beinhaltet das Ausmaß, in dem die Mitglieder einer Gesellschaft planen, Belohnungen auf später verschieben und Investitionen tätigen. Für Deutsche ist die Zukunftsorientierung etwa ein wichtiger Faktor, während er für Italiener weitaus weniger Bedeutung hat.

Die *Selbstbehauptung* beschreibt den Grad, zu dem Individuen bestimmt, aggressiv und konfliktfreudig in sozialen Beziehungen sind. Ein hoher Grad der Bestimmtheit impliziert ein forsches und direktes Auftreten. Während in Deutschland ein solches Verhalten eher typisch ist, ist es in Portugal weit weniger gewöhnlich.

Mit der *Leistungsorientierung* wird der Grad beschrieben, zu dem eine Gesellschaft individuelle Leistung belohnt. Bei einer leistungsorientierten Gesellschaft ist die Leistung entscheidend für Karrierechancen. In Italien ist der Faktor beispielsweise deutlich geringer ausgeprägt als in Deutschland.

Die Verschiedenheit der Kulturen und die damit verbundenen Einstellungen und Verhaltensweisen sollten bei allen Handlungen immer im Hinterkopf behalten werden. Es muss ein Verständnis der Mitarbeiter für die unterschiedlichen kulturellen Prägungen entstehen. Liegt ein solches vor, lassen sich manche Konflikte vermeiden, da man weiß, warum andere so handeln bzw. warum ein anderes Vorgehen von einem erwartet wird. Herausfordernd ist auch die Führung von Mitarbeitern aus unterschiedlichen Kulturkreisen. Die Erwartungen an die Führung können stark auseinandergehen. Für einen Mitarbeiter aus einer Kultur, in der ein starkes Machtgefälle herrscht, ist es zunächst möglicherweise befremdlich, wenn er partizipativ geführt wird. Solche Mitarbeiter sollten dann Schritt für Schritt an diese Art der Führung »gewöhnt« werden, ohne sie von Anfang an zu überfordern.

3.3 Herausforderungen und Perspektiven

Diversität bietet für Krankenhäuser einerseits zahlreiche Perspektiven, andererseits sind damit aber auch einige Herausforderungen verbunden, die es zu bewältigen gilt. Die Führung von diversen Belegschaften gehört zu den schwierigsten Aufgaben moderner Organisationen (Harrison et al. 2002, S. 1029). Das Konfliktpotenzial in Belegschaften steigt, wenn die Mitarbeiter unterschiedlichen Altersgruppen angehören, verschiedener kultureller Herkunft sind oder über ungleiche Berufserfahrung verfügen.

Mitarbeiter unterschiedlicher Funktionen oder organisatorischer Einheiten verfolgen nicht immer dieselben Zielsetzungen. Oftmals wird bewusst oder unbewusst das Wohl der eigenen Abteilung über die Gesamtinteressen gesetzt. Dieses Konfliktrisiko wird durch ein hohes Maß an Diversität noch weiter verstärkt. Neben den organisatorischen Zielen und Prioritäten begründet eine Vielfalt bezüglich Geschlecht, Alter, Kultur usw. weitere Zielkonflikte durch unterschiedliche Normen, Ziele oder Prioritäten (Bouncken et al. 2015, S. 81).

Unterschiedliche Ansichten, die aus der Unterschiedlichkeit der Mitarbeiter resultieren, können dazu führen, dass Missverständnisse auftreten oder Verärgerung entsteht. Neben den kulturell geprägten Schwierigkeiten können auch Sprachbarrieren zu Problemen führen. Krankenhäuser werden sich künftig auch vermehrt Generationenkonflikten stellen müssen. Diese werden beispielsweise durch ungleiche Beanspruchungen aufgrund von Schicht- und Bereitschaftsdiensten oder anfallenden Überstunden verursacht. Einerseits können ältere Mitarbeiter teilweise die hohe Belastung aus gesundheitlichen Gründen nicht

3.3 Herausforderungen und Perspektiven

mehr bewältigen, andererseits haben jüngere Beschäftigte eine erhöhte Anspruchshaltung hinsichtlich der Ausgeglichenheit von Arbeit und Beruf. Ältere Mitarbeiter erwarten daher oftmals eine Entlastung durch die Jüngeren (z. B. Anzahl der Nachtdienste), die diese jedoch nur im begrenzten Umfang zu leisten bereit sind. Kliniken stehen daher vor der Herausforderung, einerseits jüngeren Beschäftigten ein Arbeitsumfeld anbieten zu können, welches deren Bedürfnissen entspricht, andererseits aber auch sicherzustellen, dass die älteren Mitarbeiter nicht gesundheitlich überfordert werden. Auftretende Störungen wirken sich negativ auf die Arbeitsmoral und den Zusammenhalt in der Belegschaft aus. Folge sind eine erhöhte Fluktuation sowie eine schlechtere Produktivität der Klinik.

Über die Herausforderungen hinaus bietet eine Vielfalt innerhalb der Belegschaft jedoch auch zahlreiche Perspektiven. Die Rekrutierung internationaler Mitarbeiter ist eine Möglichkeit, um offene Stellen besetzen zu können. Da ein Mangel an Ärzten und Pflegekräften am deutschen Arbeitsmarkt vorliegt, kann die Gewinnung von Beschäftigten aus dem Ausland einen Beitrag zur Reduzierung der Besetzungsproblematik darstellen. Es ist so möglich, die Leistungsfähigkeit der Klinik aufrechtzuerhalten und dem Fachkräftemangel entgegenzuwirken.

Ein weiterer Vorteil ist darin zu sehen, dass Mitarbeiter Wissen, Fähigkeiten und Erfahrungen zusammenbringen, die sich gegenseitig ergänzen und sich positiv auf die Produktivität auswirken können. Krankenhäuser profitieren so von der Kreativität und Innovationsfähigkeit der Belegschaft. Die Berücksichtigung vielfältiger Perspektiven in der Gestaltung und Durchführung von Arbeitsaufgaben bringt erfolgreiche und nachhaltige Ergebnisse. Voraussetzung ist, dass die Arbeitsgruppen über unterschiedliche Fähigkeiten verfügen und alle Teammitglieder die Kompetenz haben, in heterogenen Arbeitsgruppen erfolgreich zusammenzuarbeiten.

Letztendlich hängt der Erfolg einer diversen Zusammensetzung der Belegschaft davon ab, wie gut die einzelnen Beschäftigten in die Mitarbeiterschaft integriert werden. Damit dies gelingt, müssen die Mitarbeiter die Werte, Erfahrungen, Ziele ihrer Kollegen kennen und achten. Eine offene Krankenhauskultur signalisiert den Beschäftigten, dass sie alle im gleichen Umfang wertgeschätzt werden.

Zusammenfassend bedeutet Diversity Management folglich, dass Krankenhäuser die soziale Vielfalt konstruktiv zum Wohle aller nutzen wollen. Diskriminierung und soziale Ausgrenzung wird bekämpft und Chancengleichheit gefördert. Eine Klinik profitiert von verschiedenen Typen und Charakteren, wenn diese ihre Stärken, Kompetenzen und ihr Wissen einsetzen. Diversity Management heißt, dass sich Krankenhäuser als Arbeitgeber nicht bestimmten Bewerbern und Mitarbeitern gegenüber verschließen (z. B. Alter oder kulturelle Herkunft). Heterogene Gruppen haben vielfältige Eigenschaften, die Krankenhäuser sich zu Nutze machen sollten.

3.4 Einführung von Diversity Management

Die Einführung von Diversity Management stellt einen Veränderungsprozess dar, der eine Verhaltensänderung erfordert und auf eine veränderte Krankenhauskultur abzielt. Die bei der Einführung eventuell auftretenden Widerstände müssen daher bedacht werden. Zwangsläufig kann es zu einer längeren Diskussion über Werte, Identität und Führungskultur kommen. Der Darstellung und Herausarbeitung der Vorteile für das Krankenhaus in der Innen- und Außenwirkung kommt daher eine große Bedeutung zu. Ebenso wichtig ist die Unterstützung durch die Führungskräfte. Für eine erfolgreiche Implementierung muss die Akzeptanz für die Wertschätzung und den Nutzen von Vielfalt gestärkt werden. Als Anforderungen für eine erfolgreiche Implementierung sind folglich eine transparente Kommunikation, klare Rollenverteilung und Auftragsformulierungen, die Einbindung der Führungskräfte und Möglichkeiten der verstärkten Einbeziehung der Mitarbeiter zu bezeichnen.

3.4 Einführung von Diversity Management

Die Einführung von Diversity Management geht in fünf Schritten vonstatten (http://www.charta-der-vielfalt.de/diversity/diversity-management.html, zuletzt abgerufen am 15.02.2016):

Schritt 1 – Ziele definieren: Wie profitiert das Krankenhaus durch Diversity Management?

- Ziele der Krankenhausstrategie: Wo trägt Vielfalt zum Geschäftserfolg bei (z. B. im Hinblick auf die Patienten, Zuweiser oder Kostenträger sowie die Vielfalt der eigenen Belegschaft)?
- Ansatzpunkte: Wie kann Diversity umgesetzt werden?

Schritt 2 – Ist-Zustand ermitteln: Was ist die Ausgangssituation zu Diversity im Krankenhaus?

- Die Zusammensetzung von Belegschaft, Kunden und Lieferanten ermitteln.
- Bereits vorhandene Diversity-Maßnahmen zusammentragen – viele Kliniken betreiben bereits Maßnahmen, ohne sich dessen bewusst zu sein.

Schritt 3 – Umsetzung planen: Wie lässt sich Diversity im Krankenhaus einführen?

- Vergleich der Zielsetzung mit der aktuellen Situation und Beschreibung einer eventuellen Lücke.
- Gesamtplan entwerfen: Was lässt sich in welchem Zeitraum erreichen?
- Geeignete Maßnahmen sammeln.
- Maßnahmen bewerten: Sinnvolle Bewertungskriterien sind Umsetzungsdauer, Opportunitäts- und Umsetzungskosten sowie die Wirkung und Risiken.

Schritt 4 – Umsetzung realisieren = Durchführung von Maßnahmen

- Umsetzungsplan entwerfen: Eindeutigen Zeitplan für jede einzelne Maßnahme entwerfen.
- Begleitende organisationsweite Kommunikation.

Schritt 5 – Erfolg messen: Welche Wirkung haben die Maßnahmen?

- Effekte der Maßnahmen bewerten.
- Maßnahmen abhängig vom Erfolg ausbauen, variieren oder einstellen.

Nur wenn alle fünf Schritte beachtet werden, können Diversitätsmaßnahmen erfolgreich sein.

3.5 Probleme bei der Umsetzung

Die Notwendigkeit für Gleichstellung wird regelmäßig negiert. Sorgfältig erstellte Informationen werden in Frage gestellt und als nicht ausreichend oder unglaubwürdig bezeichnet. Unter Umständen kommt es auch dazu, dass gesammelte Informationen als übertrieben oder falsch dargestellt werden. Dies geht mit der Aufforderung einher, es brauche erstmal mehr und bessere Daten. Auch mit der Aussage, das Thema sei ein alter Hut, wird das Problem zurückgewiesen. Weil aus dieser Perspektive kein Handlungsbedarf mehr besteht, wird die Notwendigkeit für eine Auseinandersetzung nicht gesehen.

Informationen und Argumente werden teilweise durch die Mitarbeiter oder Führungskräfte personalisiert oder stereotyp den Geschlechterunterschieden zugeschrieben. Durch die Auffassung, dass es Diskriminierung im eigenen Krankenhaus nicht gibt, wird die Notwendigkeit für Diversity-Maßnahmen zurückgewiesen. Ungleichheit wird als individuelle Wahrnehmungsfrage dargestellt. Teilweise wird sogar die sachliche Ebene verlassen und das Thema auf individueller Ebene personalisiert. Auch die Auffassung, dass Männer einfach einmal anders ticken als Frauen, stellt eine Kategorisierung dar, mit der Diversitätsmaßnahmen negiert werden. Es wird appelliert, man könne doch nicht alle gleich machen, da dies dem Naturell der Geschlechter entgegenlaufen würde.

Gerne wird die Zuständigkeit für das Vielfaltsmanagement auch auf andere delegiert, man sieht sich als nicht zuständig an. Damit wird verkannt, dass Diversity Management eine Querschnittsaufgabe ist, bei der alle Mitarbeiter angesprochen werden. Folge des »Nicht-verantwortlich-Fühlens« ist es, dass Aufgaben und Anfragen unbearbeitet bleiben oder bereits initiierte Maßnahmen vorzeitig beendet oder nicht weiter finanziert werden.

Überforderung und Resignation auf der Ebene der Mitarbeiter und der Führungskräfte kann auch Widerstand auslösen. Wegen mangelnder Unterstützung oder aufgrund von fehlendem Wissen wird die Implementierung als zu komplex wahrgenommen, gerade, weil schnelle Lösungen bei der Implementierung Diversity Management nicht sofort naheliegen. Es kann sich dann eine Angst vor Überforderung einstellen, die wiederum die Umsetzung von Maßnahmen behindert.

3.6 Maßnahmen zur Akzeptanzsicherung

Eine vorausschauende Auseinandersetzung über mögliche Ursachen und Gründe einer Abwehrhaltung erleichtert den Umgang mit Widerständen. Die Gründe für Unbehagen gegenüber Diversity-Maßnahmen können vielfältig sein. Neben Widerständen aus der Person (z. B. Eigeninteressen) lassen sich zudem Ursachen in der Organisation finden.

Die Einführung von Diversity Management ist ein Identitätsprojekt, bei dem bestehende Normen, Stereotypen oder Machtverhältnisse in

Frage gestellt werden. Es entsteht eine Störung der emotionalen und kognitiven Ebene des Menschen. Widerstand ist eine Reaktion des Selbstschutzes, es wird versucht eine Auseinandersetzung mit neuen Werten und Rollenmodellen zu vermeiden, um emotional und kognitiv im Gleichgewicht zu bleiben. Zudem können sich Veränderungsresistenzen ergeben, wenn neue Rollenmodelle und Identifikationsangebote als weniger erstrebenswert gesehen und deshalb abgelehnt werden. Widerstand besteht zudem, wenn individuelle Interessen von Personen nicht ausreichend berücksichtigt werden. Dies ist beispielsweise der Fall, wenn das Engagement nicht als Arbeitsleistung in die Beurteilungen eingebracht wird. Ablehnend könnte auch reagiert werden, wenn die Förderung von Diversity-Themen möglicherweise das Risiko eines Anerkennungsverlusts darstellt.

> **Beispiel:** Mitarbeiter in hierarchisch höher gestellten Positionen gehen ein Risiko ein, wenn sie für die Gleichstellung eintreten. Die Leitung von ärztlichen Abteilungen ist oftmals noch eine männliche Domäne. Tritt ein leitender Oberarzt dann für die Gleichstellung aktiv ein, so kann es sein, dass seine Passfähigkeit für den bislang männlichen dominierten Führungsbereich in Frage gestellt wird. Der Karriereaufstieg kann damit gefährdet sein.

Probleme resultieren des Weiteren auf psychologischen Verdrängungseffekten. Gruppen, die bisher vermeintlich privilegiert sind, verdrängen die Bevorzugung und auch Diversity-Maßnahmen, um Schuldgefühle zu vermeiden. Selbst die Menschen, die bislang benachteiligt wurden, klagen nicht offen gegen die Situation, weil sie nicht zur Gruppe der Benachteiligten gerechnet werden wollen.

Formelle und informelle Normen und Orientierungsmuster im Krankenhaus können bei Veränderungsabsichten ein großes Beharrungsvermögen aufweisen. Diese Normen und Muster sind oftmals vor allem nicht geschlechtsneutral. Bei der Implementierung von Diversity Management werden bisherige Normen und Praktiken aufdeckt und in Frage gestellt. Damit werden gewohnte Arbeits- und Verhaltensweisen grundlegend hinterfragt. Widerstand lässt sich hier als das Festhalten am bisherigen Status Quo betrachten. Neues wird anfangs als Bedrohung angesehen, sodass es sogar zunächst zu einer starken Abwehrhaltung kommt. Die Einführung von Diversity-Maßnahmen bedeutet, dass angenommen wird, dass die aktuelle Situation Ungleichheiten beinhaltet. Für viele Mitarbeiter ist dies ein neuer Sachverhalt, sofern das Krankenhaus bislang als neutral angesehen wurde. Für Führungskräfte kann dies bedrohlich wirken, da möglicherweise Machtverhältnisse und Privilegien thematisiert werden. Angst vor Verlust oder Unannehmlichkeiten können entstehen.

Die Darstellung von Vorteilen von Diversity Management und die Bereitstellung und Schulung in notwendigen Instrumenten alleine reicht nicht aus, um die Mitarbeiter für die Veränderung zu gewinnen. Die emotionale Ebene (Unbehagen und Unsicherheiten) wird dadurch nicht berücksichtigt. Ein Veränderungsprozess führt zu Unsicherheit. Für ein neues Thema sensibilisiert zu sein, heißt noch lange nicht, damit kompetent umgehen zu können. Einen Lernprozess zu ermöglichen bedeutet auch, genügend Raum für Unsicherheiten, Ängste und offene Fragen zu geben. Unklarheiten und Irritationen können nur aufgelöst werden, wenn sie ernst genommen und offen diskutiert werden.

Möglichst viele Beschäftigte sollten an der Planung und Umsetzung mitwirken. So bauen die Beteiligten einen eigenen Bezug zum Thema auf. Allerdings bleibt die Gefahr, dass es möglicherweise zwar viele Hinweise gibt, aber wenige dann tatsächlich aktiv bei der Umsetzung mitwirken wollen. Ein Veränderungsprozess ist dann erfolgreich, wenn möglichst viele positiv davon profitieren. Es muss deshalb neben der Partizipation geprüft werden, wo Mitarbeiter persönliche Gewinne haben könnten, um die Bereitschaft und Motivation für die Umsetzung und die aktive Beteiligung zu erhöhen.

Zuletzt ist darauf hinzuweisen, dass Diversity Management leichter realisiert werden kann, wenn dessen Ziele an den bereits anerkannten Werten und Zielen des Krankenhauses anknüpfen.

4 Work-Life-Balance – Berufliches und privates Leben in Einklang

4.1 Notwendigkeit von Work-Life-Balance-Maßnahmen

Work-Life-Balance steht für einen Zustand, in dem Arbeits- und Privatleben miteinander in Einklang stehen. Work-Life-Balance-Maßnahmen zielen darauf ab, ein erfolgreiches Berufsleben unter Berücksichtigung von privaten, sozialen, kulturellen und gesundheitlichen Erfordernissen zu ermöglichen (Bundesministerium für Familie, Senioren, Frauen und Jugend 2005, S. 4). Ein zentraler Aspekt ist die Balance von Familie und Beruf. Es darf jedoch nicht der Fehler begangen werden, Work-Life-Balance nur einseitig mit einer besseren Vereinbarkeit von Familie und Beruf in Verbindung zu bringen. Vielmehr haben auch alleinstehende Beschäftigte oftmals vielfältige Wünsche, wie sie ihren Beruf und ihre privaten Angelegenheiten optimal miteinander koordinieren können. Die Ausgeglichenheit von Arbeit und Leben darf zudem nicht als eine Trennung von Beruf und Privatem verstanden werden, vielmehr geht es um eine gelungene Integration der beiden Bereiche. Gutes Leben findet folglich nicht ausschließlich außerhalb der Arbeitstätigkeit im Krankenhaus statt, vielmehr soll der Job zu einer Entfaltung der Fähigkeiten beitragen und »Spaß« machen. Damit dies gelingt, muss den Mitarbeitern die Möglichkeit gegeben werden, dass sie ihr Privatleben so ausgestalten können, dass sie ihrem individuellen Maß an einer Work-Life-Balance möglichst nahe kommen.

Angesichts der angespannten Lage auf dem Arbeitsmarkt, insbesondere bei ärztlichen und pflegerischen Mitarbeitern, müssen sich Krankenhäuser der Diskussion um die Vereinbarkeit von Arbeits- und Privatleben aktiv stellen. Die Verhandlungsposition verschiebt sich durch die Knappheit an Arbeitskräften vermehrt in Richtung der Arbeitnehmer, sodass diese mehr und mehr die Auswahl des Arbeitsgebers nicht mehr schwerpunktmäßig auf der Basis der Dotierung treffen, sondern eine Balance zwischen betrieblichem und außerbetrieblichem Leben anstreben.

Bei den Anforderungen an ein attraktives Arbeitsumfeld spielt eine ausgeglichene Work-Life-Balance eine zunehmend wichtigere Rolle. Insbesondere unter Ärzten sind Klagen über die mangelnde Vereinbarkeit von Beruf und Privatleben weit verbreitet. Besonders kritisch äußern sich die Krankenhausärzte. Von ihnen haben 59 % Schwierigkeiten, einen befriedigenden Ausgleich zwischen Beruf und Privatleben herzustellen, lediglich 41 % der Krankenhausärzte gelingt dies in der Regel gut (MLP-Gesundheitsreport 2014, IfD-Umfrage 6282).

Die Ansprüche der Mitarbeiter an eine Work-Life-Balance sind sehr unterschiedlich, sie unterscheiden sich einerseits individuell und andererseits nach der Lebensphase (z. B. Qualifizierungsphase, Phase der Familiengründung). Letztendlich geht es aber immer darum, dass die unterschiedlichen Schwerpunktsetzungen von Arbeits- und Lebenszielen sich nicht wechselseitig ausschließen. Die Vielfalt an individuellen Problemstellungen macht offenkundig, dass es keine Patentrezepte geben kann, sondern vielmehr auf Basis einer offenen Kommunikationskultur eine Diskussion über die Vereinbarkeit der unterschiedlichen Interessen von Mitarbeitern, Kollegen und der Klinik geben muss. Individuelle Ausnahmeregelungen sowie einmalige Angebote sollten die Ausnahme bleiben. Ziel sind generell einheitliche Möglichkeiten, die allen Beschäftigten zugänglich sind.

Eine Besonderheit innerhalb des Gesundheitswesens stellt der oft hohe Anteil an weiblichen Beschäftigten dar. Der Frauenanteil ist im Pflegedienst schon immer sehr hoch, zudem nimmt er in der Medizin immer weiter zu. Frauen sind derzeit zumeist noch stärker in die familiären Verpflichtungen involviert, sodass gerade dann, wenn man weibliche Beschäftigte gewinnen und binden will, man nicht mehr Konzepten an einer Ausgeglichenheit zwischen Familie und Beruf vorbeikommt. Ein sich zwar langsam, aber immer stärker abzeichnender Trend zeigt jedoch, dass auch Männer mehr Verantwortung in der Familie übernehmen wollen, sodass für sie ebenso innovative Modelle von Interesse sind.

Für eine Auseinandersetzung mit Fragen einer angemessenen Balance spricht zudem, dass die Arbeitswelt der Zukunft im Krankenhaus weiter steigende Anforderungen an die Mitarbeiter stellt. Es wird zu einer zusätzlichen Beschleunigung der Prozesse durch Arbeitsverdichtung infolge ökonomischer Zwänge kommen, zudem steigen die Anforderungen der diversen Anspruchsgruppen wie Patienten, Zuweiser und Kostenträger weiter an. Erwartet werden eine hochwertige Leistungserbringung, kurze Reaktionszeiten und störungsfreie Abläufe. Ablauforganisatorische Anpassungen führen zu einer Dezentralisierung von Arbeitsaufgaben und der Arbeitsgestaltung, sodass mehr Verantwortung durch die Beschäftigten übernommen werden muss und höhere Anforderungen an die Selbststeuerung gestellt werden. Zuletzt wird der Wettbewerb in der Krankenhauslandschaft weiter ansteigen. Höhere Anforderungen an die Mitarbeiter, die aus der Arbeitswelt der Zukunft resultieren, führen unweigerlich dazu, dass nach Ausgleichsmechanismen zur Vermeidung von Überforderung gesucht werden muss. Ein wesentlicher Ansatz stellt dabei die Work-Life-Balance dar.

Work-Life-Balance-Konzepte beinhalten Arbeitszeitmodelle, die den Bedürfnissen der Mitarbeiter möglichst entsprechen, zugleich aber sicherstellen, dass die betrieblichen Aufgaben im Krankenhaus fristgerecht und in der erforderlichen Qualität erbracht werden können. Zudem werden oftmals angepasste Modelle der Arbeitsorganisation (z. B. Flexibilisierung des Arbeitsortes durch Telearbeit) entwickelt, Führungsrichtlinien zum Umgang mit Wünschen der Mitarbeiter erstellt und den Beschäftigten weitere unterstützende Leistungen (z. B. Kinderbetreuung) angeboten.

Work-Life-Balance-Maßnahmen, die über familienfreundliche Maßnahmen hinausgehen und auch Aspekte des lebenslangen Lernens, der altersgerechten Arbeitsgestaltung und des betrieblichen Gesundheitsmanagements beinhalten, dienen der Bindung der Mitarbeiter an das Krankenhaus und erhöhen zugleich die Attraktivität der Klinik als Arbeitgeber.

Work-Life-Balance-Maßnahmen werden aufgrund folgender Zielsetzungen eingeführt:

1. Steigerung der Produktivität der Beschäftigten, indem die Arbeitsmotivation erhöht wird und damit Fehlzeiten reduziert werden
2. Stärkung der Identifikation der Belegschaft mit dem Krankenhaus, um eine bessere Bindung der Mitarbeiter an das Haus zu ermöglichen
3. Verbesserte Chancengleichheit von Frauen und Männern
4. Ermöglichung von altersgerechter Laufbahngestaltung
5. Schnellere Rückkehr nach Familienpausen
6. Erhöhung der Akzeptanz der Klinik in der Öffentlichkeit

Für die Beschäftigten lassen sich diverse Vorteile durch Work-Life-Balance-Konzepte erreichen. Berufseinsteiger können ihre Karriere verlässlicher planen, junge Menschen können sich Kinderwünsche leichter erfüllen, wer mitten im Berufsleben steht, kann mehr für seine Weiterbildung und die Sicherung seiner Beschäftigungsfähigkeit tun. Mitarbeiter in höherem Alter können besser basierend auf ihren Fähigkeiten in die Arbeitsorganisation eingebunden werden. Zufriedene Mitarbeiter sind wiederum die Grundlage für eine optimierte Beziehung zu den Patienten und zudem für die Stärkung der Identifikation mit dem Unternehmen. Die Position im Wettbewerb um qualifizierte Arbeitskräfte verbessert sich dadurch deutlich.

4.2 Instrumente

Kliniken stehen eine Vielzahl von Instrumenten zur Verfügung, um die Vereinbarkeit von Privat- und Berufsleben zu verbessern. Es ist stets darauf zu achten, dass die betrieblichen Anforderungen soweit als möglich berücksichtigt werden, sodass ein ordnungsgemäßer Betriebsablauf nicht gefährdet ist. Zudem sind notwendige Änderungen der Arbeitsorganisation und der betrieblichen Abläufe vor der Einführung von Instrumenten zu analysieren, um nicht mitunter erhebliche Anlaufschwierigkeiten zu produzieren, die schnell dazu führen können, dass an sich gut gedachte Konzepte wieder eingestellt werden.

Die möglichen konkreten Instrumente lassen sich zwei Teilbereichen zuordnen:

- Maßnahmen zur optimalen Verteilung der Arbeitszeit sowie zur Flexibilisierung von Ort und Zeitpunkt der Leistungserbringung
- Maßnahmen, die auf Mitarbeiterbindung, Förderung der Qualifikation und eine umfassende Sicherung der Beschäftigungsfähigkeit abzielen

Die Instrumente der Work-Life-Balance-Konzepte stehen potenziell allen Krankenhäusern offen, egal, welche Größe und welchen Träger es hat. Die Managemententscheidung, Work-Life-Balance als einen Kernbestandteil der Personalpolitik anzuerkennen, ist nicht an spezifische Voraussetzungen gebunden. Zentral ist lediglich die Feststellung, dass sowohl die Klinik, als auch die Mitarbeiter davon profitieren.

4.2.1 Arbeitszeitmanagement

Wichtiger Bestandteil einer balanceorientierten Personalpolitik ist die Gestaltung der Arbeitszeit. Bedarfsgerechte Teilzeitmodelle sollen eine Ausgeglichenheit zwischen den individuellen Möglichkeiten des Mitarbeiters und den Anforderungen des Krankenhausbetriebs schaffen. Die Dauer und Lage der Arbeitszeit hat eine wesentliche Auswirkung auf die persönliche Lebensführung, sodass mitarbeiterorientierte Regelungen zur Flexibilisierung von Arbeitszeiten und zur Urlaubsplanung von hoher Bedeutung sind.

Teilzeitarbeit
Bei der Teilzeitarbeit ist die regelmäßige Wochenarbeitszeit kürzer als die regelmäßig durch eine Vollzeitkraft zu leistende Arbeit. Es existieren verschiedene Ansätze, die für Arbeitnehmer eine Chance für eine ausgewogenere Work-Life-Balance bieten. Bei klassischen Teilzeitmodellen wird die tägliche Arbeitszeit stundenweise reduziert (z. B. nur sechs anstelle von acht Stunden pro Tag in einer 5-Tage-Woche). Durch die regelmäßige Verteilung der Arbeitsstunden ist diese Form zwar leicht umzusetzen, führt aber dennoch zu Problemen, wenn ein

Arbeitsplatz beispielsweise acht Stunden pro Tag besetzt sein muss. Es ist dann ein Mitarbeiter zu finden, der die offene Zeit arbeitet oder auf andere Formen der Teilzeit auszuweichen. Bei variablen Teilzeitmodellen wird die wöchentliche Arbeitszeit auf zwei bis fünf Tage verteilt. Dabei kann auch die tägliche, wöchentliche oder monatliche Stundenanzahl unterschiedlich sein, sodass Teilzeit dann mit vollen Schichten kombinierbar ist. Im Krankenhaus ist dieses Modell etwa im Pflegedienst denkbar, wenn ein Mitarbeiter pro Monat beispielsweise acht volle Früh- oder Spätdienste ableistet. Beim Jobsharing teilen sich zwei Arbeitnehmer eigenverantwortlich eine Stelle. Voraussetzung ist eine enge und regelmäßige Abstimmung der beiden Stelleninhaber. Beispiel ist die Teilung einer Oberarztstelle auf zwei Beschäftigte, die nicht Vollzeit arbeiten können. Dies kann umgesetzt werden, indem beispielsweise ein Mitarbeiter am Montag bis Mittwoch tätig ist und der andere am Donnerstag und Freitag. Beim Teilzeit-Invest-Modell wird zwar in Vollzeit gearbeitet, aber nur Teilzeit bezahlt. Die Differenz wird als Zeit- oder Geldguthaben auf einem Langzeitkonto angespart. Möglich werden so zum Beispiel mehrmonatige Urlaubsphasen (Sabbatical), langfristig sogar der vorgezogene Ruhestand. Das Gehalt wird dann jeweils weitergezahlt.

Teilzeitmodelle haben generell den Nachteil, dass der organisatorische Aufwand bei der Planung des Mitarbeitereinsatzes steigt. Zudem ist teils die Akzeptanz bei den Führungskräften geringer, als bei Vollzeitbeschäftigungen. Bei einer relativ geringen Arbeitszeit besteht die Gefahr, dass Mitarbeiter zerstückelte Arbeitszeiten verbunden mit einem unverhältnismäßig hohen Fahrtaufwand zur Klinik haben. Des Weiteren sind bei wenig Stunden die Weiterentwicklungschancen des Mitarbeiters reduziert.

Bei einem Sabbatical besteht die Herausforderung für die Klinik darin, dem Mitarbeiter nach der Rückkehr wieder einen gleichwertigen Arbeitsplatz zur Verfügung zu stellen. Insbesondere bei Führungskräften ist dies in kleineren Einrichtungen zum Teil komplex.

Eine weitere Form der Teilzeitarbeit ist die Wahlarbeitszeit. Bei Wahlarbeitsmodellen können Beschäftigte ihre vertragliche Arbeitszeit mit einer vorher festzulegenden Ankündigungsfrist für einen zu definierenden Zeitraum reduzieren, meistens auf einen Wert von mindestens 70 %. Nach Ablauf des Zeitraums erhöht sich die Arbeitszeit wiederum, außer der Mitarbeiter hat erneut eine Reduktion vorab angekündigt. Der Beschäftigte hat die Sicherheit, jederzeit nach Fristablauf wieder auf Vollzeit aufgestockt zu werden, zudem braucht er für die Reduktion keine Gründe anzugeben, es bedarf ausschließlich einer Meldung. Insbesondere für Mitarbeiter, die sich nur eine temporäre Herabsetzung ihrer Arbeitszeit vorstellen können (z. B. um einem Hobby stärker nachgehen zu können oder Arbeiten am Haus zu erledigen), ist dies ein interessantes Teilzeitmodell.

Flexibler Arbeitseinsatz
Bei Team-Servicezeiten wird nur festgelegt, wie viele Mitarbeiter in bestimmten Zeitabschnitten anwesend sein müssen. Im Team wird dann autonom vereinbart, welcher Mitarbeiter wann arbeitet. Kurzfristige Änderungen sind in Absprache zwischen den Beschäftigten jederzeit möglich. Je unterschiedlicher dabei die Interessen im Team sind, desto besser funktioniert tendenziell die Teamsteuerung, da dann sich überschneidende Interessen seltener vorkommen. Allerdings setzen diese Modelle stets kommunikationsfähige Teamgrößen mit nicht mehr als zwölf Mitarbeitern voraus; bei größeren Organisationseinheiten sollten entweder nur Teile des Besetzungsbedarfs in die Teamdisposition übergeben werden (z. B. die Planung arbeitsfreier Tage oder bestimmter Dienste) oder es werden dispositionsfähige Unterteams geschaffen. Weiterhin sind klar definierte Besetzungs- und Abwesenheitsvorgaben notwendig, eine Rückfallposition im Falle einer nicht-funktionsfähigen Teamsteuerung (i. d. R. Leitung) sowie ein fairer Umgang der Mitarbeiter untereinander, sodass es zu keiner Übervorteilung extrovertierter gegenüber introvertierter Mitarbeiter kommt (Herrmann und Jelenski 2014, S. 366).

Gleitzeit ermöglicht eine passgenauere Gestaltung der Arbeitszeit. Um die Anwesenheit zu bestimmten Zeiten sicherzustellen, sind Kernarbeitszeiten festzulegen. Darunter sind Zeiten zu verstehen, in der alle Beschäftigten anwesend sein müssen. Innerhalb einer definierten Rahmenzeit (= gesamte Zeitspanne vom frühestmöglichen Arbeitsbeginn bis zum letztmöglichen Arbeitsende) können die Beschäftigten ihre Arbeitszeit frei festlegen. Um die Gleitzeitregelung möglichst effektiv nutzbar machen zu können, sollte die Rahmenzeit ein möglichst langes Zeitfenster umfassen. Die dienstlichen Belange müssen weiterhin Vorrang vor den individuellen Wünschen der Mitarbeiter haben. Sicherzustellen ist, dass nötige Informationen beispielsweise über Vorkommnisse bei Patienten weitergegeben werden und dass generell die Versorgung weiter auf dem angestrebten Niveau realisiert werden kann.

Sogenannte Karenzzeiten reduzieren den Pünktlichkeitsdruck der Mitarbeiter. Die Karenzzeit ist keine Gleitzeit. Ein punktgenauer Arbeitsbeginn und -ende ist dann nicht notwendig, sofern die Funktionsfähigkeit der Abteilung weiter gewährleistet ist. Im pflegerischen Bereich bedeutet dies etwa, dass eine lückenlose Versorgung der Patienten ebenso wie eine geordnete Dienstübergabe sichergestellt sein muss. Gleitzeit und Karenzzeit werden im Regelfall mit der Führung eines Zeitkontos verbunden, auf dem die Beschäftigten eine bestimmte Anzahl von Plus- oder Minusstunden ansammeln können. Um die Funktionsfähigkeit sicherzustellen, sind klare Regelungen zu den Auf- und dem Abbau von Salden zu erlassen.

Bei flexiblen Diensten (sogenannte Flexi-Dienste) ist der konkrete Flexibilisierungsbedarf zwar im Voraus nicht genau klar, kann aber zumindest auf Basis von Erfahrung gut prognostiziert werden. In Abhängigkeit vom tatsächlichen Bedarf wird der Flexi-Dienst entweder in der als minimal festgelegten Zeit (z. B. drei Stunden) eingesetzt oder aber bis zur Maximalzeit (z. B. acht Stunden). Die Beschäftigten können sich darauf einstellen, dass sie möglicherweise die Maximalzeit arbeiten müssen, während die anderen Mitarbeiter eine hohe Wahrscheinlichkeit haben, keine Mehrarbeit leisten zu müssen, da der Flexi-Dienst einen höheren Arbeitsbedarf abpuffert.

Eine möglichst flexible Pausenregelung erleichtert es den Mitarbeitern, sowohl unvorhersehbare Termine oder Verpflichtungen als auch regelmäßige Aufgaben im privaten Bereich besser zu bewältigen. Wichtig ist, dass die Pausen innerhalb des Arbeitsbereichs abgestimmt werden und die im Zeitraum anfallenden Tätigkeiten nicht darunter leiden. Insbesondere in medizinischen und pflegerischen Abteilungen müssen die Mitarbeiter jedoch sehr sorgsam mit der gegebenen Freiheit umgehen, damit die Qualität der Versorgung nicht sinkt. In den nicht-medizinischen Abteilungen stellen Pausenregelungen im Regelfall in Kliniken kein Problem dar. Zu beachten ist ferner, dass der Betriebsrat ein Mitbestimmungsrecht bezüglich der Dauer und Lage der Pausen hat (§ 87 Abs. 1 Nr. 2 BetrVG). Freie Pausenregelungen sind eine einfache und oftmals sehr wirksame Methode der Flexibilisierung von Arbeitszeit.

Zu einer besseren Einhaltung geplanter Dienstzeiten können auch Stand-by-Dienste beitragen. Kurzfristige Ausfälle lassen sich wegen Erkrankung von Mitarbeitern nicht verhindern, sodass in Abteilungen mit nicht aufschiebbaren Tätigkeiten wie beispielsweise im ärztlichen und pflegerischen Dienst ohne entsprechende Vorkehrungen oftmals Mitarbeiter einspringen müssen, die eigentlich frei hätten. Um dies zu verhindern, sollten Stand-by-Dienste etabliert werden. Bei Stand-by-Diensten liegt der Zeitraum für den Abruf vor der möglichen Arbeitsleistung (▶ Abb. 4.1). Es kann beispielsweise festgelegt werden, dass ein Mitarbeiter bis vier Stunden (12.00 Uhr) vor dem denkbaren Dienstbeginn (z. B. 16.00 Uhr) abgerufen werden kann. Der Abruf er-

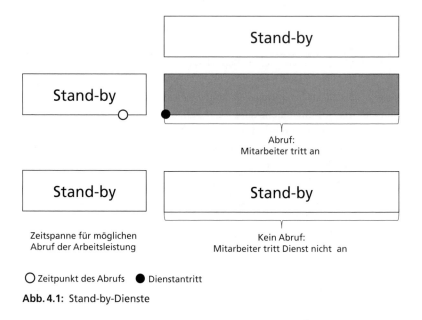

Abb. 4.1: Stand-by-Dienste

folgt im Regelfall für den gesamten Zeitraum der möglichen Arbeitsleistung (z. B. Schicht von 16.00 Uhr bis 23.00 Uhr). Sollte kein Abruf bis zur festgelegten Deadline erfolgen, so hat der Mitarbeiter frei. Er bekommt jedoch für den Stand-by-Dienst ein vorher vereinbartes Stundenkontingent (z. B. 25 % der Schichtzeit) gutgeschrieben.

Im Gegensatz zu Stand-by-Diensten ist der Zeitraum für den möglichen Abruf und der denkbaren Arbeitsleistung bei der Rufbereitschaft identisch (▶ Abb. 4.2). Dort erfolgt in der Regel auch nur der Abruf für einen Teil des Zeitraums, zudem können in der Zeitspanne auch mehrere Abrufe erfolgen (z. B. Abruf um 13.00 Uhr, Ende um 14.00 Uhr, erneuter Abruf um 17.00 Uhr, Ende um 17.30 Uhr). Mit dem Abruf beginnt der Dienstantritt und damit die Arbeitszeit des sich im Rufdienst befindlichen Mitarbeiters. Zudem erhält der Rufdienst noch eine zusätzliche Pauschale für die Abgeltung des Rufdienstes (entweder in Geld oder als Zeitgutschrift), die unabhängig davon gewährt wird, ob ein Einsatz erfolgt ist oder nicht.

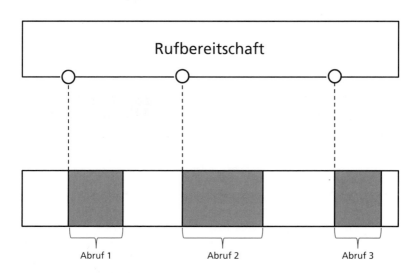

Abb. 4.2: Rufbereitschaft

Durch Stand-by-Dienste kann im Regelfall sichergestellt werden, dass nur auf Beschäftigte zurückgegriffen werden muss, die mit einem Einsatz rechnen. Um die Anzahl der Mitarbeiter in Stand-by möglichst gering zu halten, ist es sinnvoll, einen Pool an Mitarbeitern in Stand-by zu bilden, auf die die einzelnen Bereiche dann zurückgreifen können. Hält jeder Bereich einen eigenen Stand-by-Dienst vor, ist der Vorhaltebedarf deutlich höher. Dies ist jedoch nur möglich, wenn alle Mitarbeiter auch die Tätigkeiten in allen einbezogenen Bereichen verrichten könnten.

Ist ein Ausfall eines Mitarbeiters wahrscheinlich, so bieten sich sogenannten Joker-Dienste an. Bei diesen werden generell mehr Mitarbeiter eingeplant als tatsächlich notwendig wären. Die Mitarbeiter sind im Bedarfsfall also bereits vor Ort und brauchen nicht noch gesondert angerufen werden. Sinnvoll ist ein solches Vorgehen nur, wenn die Einsatzwahrscheinlichkeit hoch ist.

Beispiel: Ein Krankenhaus plant für insgesamt sechs Stationen den Frühdienst. Zusätzlich wird auf Station 1 ein Joker-Dienst und auf Station 3 ein Stand-by-Dienst vorgesehen. Vor Dienstantritt melden sich insgesamt vier Mitarbeiter krank, sodass Umsteuerungen erforderlich sind (▶ Abb. 4.3).

Station	Planung	Zusatz-planung	Krank-meldungen	Bestand vor Umsteuerung	Umsteuerung	Bestand nach Umsteuerung
1	6 VK	1 Joker	0	7	Joker geht zu Station 2	6
2	6 VK		2	4	Joker von Station 1 Stand-by von Station 3	6
3	7 VK	1 Stand-by	0	8	Stand-by geht zu Station 2	7
4	8 VK		1	7	---	7 *
5	6 VK		1	5	1 VK von Station 6	6
6	7 VK		0	7	1 VK an Station 5	6 *

* Geringerer Besetzungsbedarf wird möglich durch Verschiebung von nicht dringlichen Tätigkeiten

Abb. 4.3: Stellenbesetzung

Durch den Joker- und den Stand-by-Dienst und Verschiebung von nicht dringlichen Tätigkeiten kann verhindert werden, dass Mitarbeiter aus dem »Frei« geholt werden müssen (▶ Abb. 4.4).

4.2 Instrumente

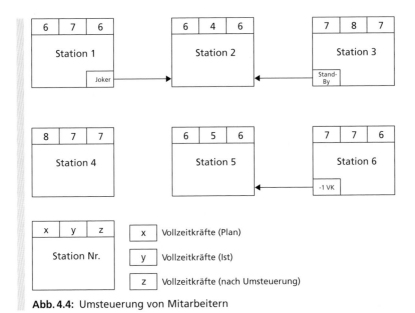

Abb. 4.4: Umsteuerung von Mitarbeitern

Bei der Telearbeit arbeiten Beschäftigte teilweise von zu Hause aus. Innerhalb gewisser Zeiten ist die Möglichkeit einer telefonischen oder sonstigen Erreichbarkeit sicherzustellen. Wegezeiten entfallen für den Mitarbeiter. Die Bindung an das Krankenhaus kann zusätzlich durch einzelne Arbeitstage in der Klinik gestärkt werden. Denkbar ist diese Form in den administrativen Bereichen eines Krankenhauses, also etwa im Schreibdienst. Zu beachten sind jedoch die datenschutzrechtlichen Bestimmungen beim Umgang mit Patientendaten.

Abwesenheitsregelungen
Krankenhäuser müssen ständig betriebsbereit sein, sodass sich insbesondere in der Sommerzeit und in den Schulferien oftmals die Herausforderung ergibt, dass viele Mitarbeiter gleichzeitig Urlaub nehmen wollen. Eltern mit schulpflichtigen Kindern sind abhängig von Urlaub in den Schulferien, da sie nur in diesen Zeiten zusammen mit den Kindern in den Urlaub fahren können oder teils ihre Kinder betreuen müssen, weil etwa der Kindergarten geschlossen hat oder andere Aufsichts-

personen nicht zur Verfügung stehen. Mitarbeiter mit Partnern erwarten die Möglichkeit, dass sie zumindest teilweise gleichzeitig mit dem Partner Urlaub nehmen können. Eine durchgängige Bevorzugung insbesondere von Mitarbeitern mit Kindern kann zu Störungen des Betriebsklimas führen. Kliniken sollten daher in enger Abstimmung mit dem Betriebsrat (Mitbestimmungspflicht nach § 87 Abs. 1 Nr. 5 BetrVG) allgemeine, sozial angemessene Urlaubsgrundsätze aufstellen.

Abwesenheitsplanung bedeutet aber auch, dass eine verlässliche Planung von arbeitsfreien Tagen, die nicht Urlaub sind, erfolgt. Nur so kann für Beschäftigte Sicherheit geschaffen werden, dass private Aktivitäten nicht abgesagt werden müssen. Zudem ist eine ausgeglichenere Arbeitsbelastung möglich. Auf die Urlaubsplanung sollte deshalb die Planung freier Tage folgen. Betriebliche Abwesenheitsvorgaben helfen, regelmäßig die »richtige« Anzahl an abwesenden Mitarbeitern zu haben und tragen dazu bei, Mehrarbeit in belegungsschwächeren Zeiten abzubauen.

Um die gezeigten Arbeitszeitmodelle erfolgreich in den Arbeitsalltag integrieren zu können, sind folgende Punkte hilfreich (Bundesministerium für Familie, Senioren, Frauen und Jugend 2013, S. 20):

Verleihen Sie dem Thema Gewicht
Operativen Führungskräften muss die wirtschaftliche Tragweite attraktiver Arbeitsbedingungen klar sein. Von der Präsenz- zur Ergebnisorientierung wird nur dann keine leere Formel bleiben, wenn die Führungskräfte das Arbeitszeitvolumen im Krankenhaus nicht zum Maßstab für die Leistungsfähigkeit ihrer Beschäftigten machen.

Operationalisieren Sie vereinbarkeitsorientierte Arbeitszeiten
Familienbewusste Arbeitszeiten müssen durch Kennzahlen, Zielvereinbarungen sowie Regeln für die Planung und Steuerung der Arbeitszeiten konkretisiert sein. Die Einhaltung zulässiger Zeitsaldenbandbreiten, Teilzeitquoten oder die Reduzierung des Abrufs von Beschäftigten an arbeitsfreien Tagen sind beispielhafte Parameter, an denen sich familienbewusste Arbeitszeiten messen lassen.

Bauen Sie vereinbarkeitshinderliche Arbeitszeitregelungen ab
Hinderlich sind fixe Besprechungstermine an Dienstzeiträndern, unzureichend geplante Arbeits- und Abwesenheitszeiten, die Bevorzugung von Plus- gegenüber Minusstunden oder die direkte Verknüpfung von Arbeitszeitverbrauch mit Zusatzvergütungen oder anderen Anreizen.

Machen Sie transparente Besetzungsvorgaben
Die Umsetzung familienbewusster Arbeitszeitmodelle gelingt besser, wenn der Besetzungsbedarf nachvollziehbar ist und nicht als Hindernis, sondern als Voraussetzung jeglicher vereinbarkeitsorientierter Arbeitszeit begriffen werden können.

Vermitteln Sie Arbeitszeit-Know-how
Familienbewusste Arbeitszeitinstrumente funktionieren besser, wenn alle Beteiligten deren Funktionsweise verinnerlicht haben. Deshalb sollte die Krankenhausleitung Führungskräften die methodischen Kompetenzen zur Arbeitszeitplanung und -steuerung vermitteln.

Erleichtern Sie die Umsetzung durch Technikeinsatz
Mit der höheren Komplexität differenzierter Arbeitszeitsysteme lässt sich leichter umgehen, wenn technische Instrumente bei der Personaleinsatzplanung genutzt werden – wie dies etwa mit EDV-gestützten Personaleinsatzplanungs-Systemen zur Wunschdienstplanung in anderen Branchen bereits der Fall ist.

4.2.2 Maßnahmen der Mitarbeiterbindung

Die Personalrekrutierung alleine reicht nicht aus, um den notwendigen Stellenbedarf zu decken. Zudem müssen neue Mitarbeiter erst eingearbeitet werden und es besteht die Gefahr einer Fehlbesetzung. Für Kliniken gilt es deshalb, vorhandenes Personal soweit wie möglich zu binden, indem Maßnahmen zur Mitarbeiterbindung einen Beitrag dazu

4 Work-Life-Balance – Berufliches und privates Leben in Einklang

leisten, sich positiv von Wettbewerbern um die Arbeitskräfte abzuheben. Auch hier ist es wichtig, dass im Krankenhaus eine Kultur dafür besteht, dass der Wunsch nach Flexibilität und Unterstützung nicht mit einem niedrigeren beruflichen Engagement gleichzusetzen ist. Neben den bereits dargestellten Ansätzen des Arbeitszeitmanagements, kommen folgende weitere Aspekte für die Bindung von Mitarbeitern in Frage:

Unterstützung bei der Kinderbetreuung

Für die Unterstützung der Kinderbetreuung gibt es mehrere Möglichkeiten (▶ Abb. 4.5).

Abb. 4.5: Ansätze zur Unterstützung bei der Kinderbetreuung

Kinderbetreuungszuschuss
Organisieren Beschäftigte ihre Kinderbetreuung selbst, kann das Krankenhaus einen Kinderbetreuungszuschuss zur Betreuung von nicht schulpflichtigen Kindern gewähren. Aufgrund der Steuer- und Sozialversicherungsbegünstigung trägt dieser maßgeblich zur finanziellen Entlastung des Mitarbeiters bei, wenn die Mittel zusätzlich zum regelmäßigen Entgelt bezahlt werden. Zudem wird die Flexibilität des Beschäftigten erhöht. Wichtige rechtliche Grundlagen sind:

§ 3 Nr. 33 Einkommenssteuergesetz

Steuerfrei sind zusätzlich zum ohnehin geschuldeten Arbeitslohn erbrachte Leistungen des Arbeitgebers zur Unterbringung und Betreuung von nicht schulpflichtigen Kindern der Arbeitnehmer in Kindergärten oder vergleichbaren Einrichtungen.

§ 1 Arbeitsentgeltverordnung

Einmalige Einnahmen, laufende Zulagen, Zuschläge, Zuschüsse sowie ähnliche Einnahmen, die zusätzlich zu Löhnen oder Gehältern gewährt werden, sind nicht dem Arbeitsentgelt zuzurechnen, soweit sie lohnsteuerfrei sind und sich aus § 3 nichts Abweichendes ergibt. Dies gilt nicht für steuerfreie Sonn-, Feiertags- und Nachtzuschläge, soweit das Entgelt, auf dem sie berechnet werden, mehr als 25 Euro für jede Stunde beträgt.

Neben dem Zuschuss zur Kinderbetreuung kann die Klinik den Beschäftigten weitere finanzielle Zuschüsse gewähren. Im Rahmen der Geburtshilfe kann eine einmalig ausgezahlte Beihilfe zur Geburt in Geld oder in Sachwerten gewährt werden. Beim Kinderbonus gewähren Krankenhäuser ihren Beschäftigten mit Kindern einen Bonus in Form eines erhöhten 13. Monatsgehalts oder eines Zuschlages auf den Monatslohn.

Belegplätze
Die Klinik kann für die Kinder Belegplätze in bereits bestehenden Betreuungseinrichtungen reservieren. Individuell vereinbart wird, in welchem Umfang sich das Krankenhaus an der Finanzierung beteiligt und wie viele Plätze vorgehalten werden. Die Klinik kann den Einfluss auf die Einrichtung erhöhen, indem sie sich gesondert, etwa durch Spenden, für diese engagiert. Belegplätze sind umso wertvoller, je eher die

Öffnungszeiten den Belangen der Mitarbeiter und des Krankenhauses entsprechen.

Kooperationslösung
Viele Häuser scheuen den hohen Investitions- und Finanzbedarf einer betrieblichen Einrichtung oder sind schlichtweg zu klein, dass sich eine eigene Initiative lohnt. Es bietet sich dann an, an bereits bestehende Infrastruktur anzuknüpfen. Die Kontaktaufnahme mit bestehenden Betreuungseinrichtungen oder Dienstleistern und Verbänden hilft oftmals, schnell Angebote schaffen zu können, die zumindest einen Teil des Bedarfs abdecken (z. B. Vermittlung von Tagesmüttern).

Betriebseigene Kinderbetreuung
Eine betriebseigene Einrichtung bietet den größten Freiraum bei der Gestaltung der Öffnungszeiten und des inhaltlichen Angebots, insbesondere können vorhandene Lücken im regionalen Versorgungsangebot damit geschlossen werden. Zu beachten ist jedoch der hohe Aufwand bei der Gründung und beim Betrieb, sodass sich das eigene Engagement erst ab einer Größe von mindestens zehn Kindern zur dauerhaften Betreuung lohnt. Wird diese nicht erreicht, sollte auf andere Ansätze zurückgegriffen werden. Denkbar ist jedoch auch, in Kooperation mit anderen Unternehmen der Region eine gemeinsame Gründungsinitiative zu starten. Schließen sich mehrere Betriebe zusammen, lässt sich die kritische Größe von zehn Kindern schnell erreichen. Zu bedenken ist allerdings, dass sich bei den Unternehmen die Anforderungen vor allem bei den Öffnungszeiten deutlich unterscheiden können, sodass eine höhere kritische Größe (teilweise 15 und mehr) für einen sinnhaften Betrieb erreicht werden muss.

Notfall- und Randzeitenbetreuung
Steht dem Beschäftigten in Ausnahmesituationen keine Betreuung zur Hand (z. B. Ausfall der selbstorganisierten Betreuung, kurzfristige Übernahme eines Dienstes), so kann das Krankenhaus durch Zusammenarbeit mit einem Familienservice oder dem Tagesmütterverband eine Notfallbetreuung organisieren. Eine weitere Option stellt das »Eltern-Kind-Arbeitszimmer« dar. Für einen kurzfristigen Betreuungs-

bedarf steht den Mitarbeitern ein eigenes Arbeitszimmer zur Verfügung, das sowohl mit dem notwendigen Equipment für die Arbeit als auch mit einer Spielecke ausgestattet ist. Zudem sollten ein Bett zum Schlafen und eine Wickelmöglichkeit vorhanden sein. Für ältere Kinder kann ein Schreibtisch aufgestellt werden, damit diese Hausaufgaben erledigen können. Zu beachten ist, dass ein »Eltern-Kind-Arbeitszimmer« nur bei Verwaltungsmitarbeitern im Krankenhaus eingesetzt werden kann, in medizinisch-pflegerischen Bereichen ist dies nicht denkbar. Kliniken können zudem Eltern anbieten, gemeinsam mit ihren Kindern in der Betriebskantine zu speisen. Dazu werden besondere Tische für die Familien (z. B. mit Kindersitz) reserviert sowie kindgerechte Essensangebote zubereitet.

Wiedereinstieg in den Beruf

Neben der Teilzeitbeschäftigung sollten Krankenhäuser Überlegungen anstellen, wie sie den Wiedereinstieg nach dem Mutterschutz oder der Elternzeit erleichtern können. Die dadurch möglichen wirtschaftlichen Effekte sind nicht zu unterschätzen, da für die Einarbeitung, Überbrückung und Rekrutierung oftmals hohe Kosten anfallen und aufgebautes Erfahrungswissen nicht verloren geht. Um einen reibungslosen Wiedereinstieg zu ermöglichen, bieten sich verschiedene Maßnahmen an (Bundesministerium für Familie, Senioren, Frauen und Jugend 2013, S. 30ff.).

Ein persönliches Gespräch im Vorfeld des Mutterschutzes bzw. der Elternzeit legt die Basis dafür, dass Beschäftigte mit wenigen Reibungsverlusten wieder an den Arbeitsplatz zurückkehren. In diesem Gespräch können Übergabemodalitäten vor dem Ausstieg, Kontakthalte- und Weiterbildungsangebote während der Elternzeit und ein schrittweiser Wiedereinstieg frühzeitig geplant werden. Ebenso können schon Möglichkeiten der Kinderbetreuung vereinbart werden.

Um die Qualifikation in der Elternzeit und ihre Bindung zum Haus zu erhalten, empfehlen sich Informations- und Kontaktangebote. Sinnvoll ist es zudem, die Mitarbeiter zu Betriebsausflügen oder Feiern einzuladen und sie über interne Medien (z. B. Mitarbeiterzeitung) über betriebliche Veränderungen auf dem Laufenden zu halten. Eine persönliche Begleitung kann durch das Mentoring erreicht werden. Kollegen können dabei als Mentoren die jeweiligen Teammitglieder über aktuelle Entwicklungen im Krankenhaus informieren.

Viele Kliniken ermöglichen auch Vertretungen und phasenweise Arbeit während der Elternzeit. Beispiele sind Springerpools und Urlaubsvertretungen oder Notfalleinsätze. In der Elternzeit ist es möglich, dass Beschäftigte bis zu 30 Wochenstunden arbeiten:

> § 1 Abs. 4 Bundeselterngeld- und Elternzeitgesetz
> Der Arbeitnehmer oder die Arbeitnehmerin darf während der Elternzeit nicht mehr als 30 Wochenstunden im Durchschnitt des Monats erwerbstätig sein. (...)

Durch eine Tätigkeit während der Elternzeit bleiben Beschäftigte inhaltlich und praktisch auf dem Laufenden. Eine Einbeziehung von Mitarbeitern in Weiterbildungsmaßnahmen verkürzt die notwendige Einarbeitung nach der Rückkehr.

Die Reintegration in die Arbeitsabläufe gestaltet sich einfacher, je früher über geeignete Arbeitsmodelle nachgedacht wird. Mögliche Herausforderungen können vorab gelöst werden, ohne dass es bei der Rückkehr zu Spannungen und Reibungsverlusten kommt. In einem Rückkehrgespräch ca. drei Monate vor Ende der Elternzeit und einem weiteren kurz vor dem tatsächlichen Einstieg können die Wünsche und Rahmenbedingungen für den beruflichen Wiedereinstieg abgeglichen werden. Die Gespräche bieten zudem die Möglichkeit, Stundenzahl und Arbeitszeitlage sowie gegebenenfalls erforderliche Qualifizierungsmaßnahmen zu vereinbaren.

Insbesondere wenn Beschäftigte bereits während der Elternzeit wieder einsteigen, empfiehlt sich der schrittweise Wiedereinstieg in abgestufter Teilzeit. In einer ersten Phase arbeiten die Mitarbeiter zunächst nur wenige Stunden pro Woche. Die Stundenanzahl wird dann im weiteren Verlauf aufgestockt.

Weitere Maßnahmen

Zur Minderung der Stressbelastung der Mitarbeiter können Angebote zur Stressbewältigung und Gesundheitsförderung wie Rückenschule oder progressive Muskelentspannung geschaffen werden. Befinden sich

Mitarbeiter in für sie belastenden Situationen, kann ein gezieltes Coaching hilfreich sein. Den betroffenen Mitarbeitern können auf Wunsch Psychologen oder der Sozialdienstmitarbeiter unterstützend zur Seite stehen. Wird auf hauseigene Beschäftigte zurückgegriffen, ist darauf zu achten, dass diese auch einen ausreichend großen Spielraum bei der Arbeitszeit für die Betreuung und Unterstützung haben.

Bei Erkrankung eines Kindes oder eines Angehörigen können Krankenhäuser über die Regelung des § 45 SGB V (Erkrankung eines Kindes) hinaus die Möglichkeit bieten, unbezahlten Sonderurlaub für einige Tage zu nehmen. Wird regulärer Urlaub eingesetzt, besteht die Gefahr, dass die noch bleibenden Resturlaubstage nicht ausreichen, dass sich der Arbeitnehmer erholen kann. Die Gefahr von krankheitsbedingten Ausfällen oder fehlerhafter Arbeit steigt dadurch. Von Nachteil ist an der Maßnahme, dass der kurzfristige Ausfall von den anderen Mitarbeitern kompensiert werden muss und daher im Regelfall nur bei einem guten Betriebsklima funktionieren kann.

Zusätzlich sollte die Laufbahn der Mitarbeiter geplant werden und regelmäßige Gespräche über die Ziele, Stärken und Entwicklungspotenziale des Mitarbeiters geführt werden.

Unter Familienservice kann man allgemein Dienstleistungen eines Krankenhauses zusammenfassen, die es den Beschäftigten besser ermöglichen, Familie und Beruf zu vereinbaren. Neben den bereits dargestellten Maßnahmen der Kinderbetreuung sind weitere Ansätze möglich:

- *Vermittlung und Beratung:* Krankenhäuser schließen mit Unternehmen, die Dienstleistungen rund um das Thema Familie anbieten (z. B. Angehörigenbeistand, Haushaltspflege), Verträge ab und bieten den Mitarbeitern diese Leistungen entweder kostenlos oder zu vergünstigten Tarifen an.
- *Haushaltsservice:* Dieser entlastet die Mitarbeitenden bei Tätigkeiten im Haushalt, um überlange oder zeitungünstige Arbeitsanforderungen abzufedern. Als Haushaltsservice kann bspw. ein Wasch- und Bügelservice, eine Reinigungs- und Gartenhilfe oder ein Einkaufservice angeboten werden. Die Leistungen können entweder durch betriebsinterne Mitarbeiter oder durch externe Dienstleister erbracht werden.

Von immer größer werdender Bedeutung ist zudem die Unterstützung bei der Seniorenbetreuung. Angesichts der demografischen Entwicklung ist künftig mit immer mehr Beschäftigten zu rechnen, die pflegebedürftige Angehörige betreuen müssen. Pflegebedürftigkeit eines Angehörigen kann unvermittelt eintreten, sodass sich plötzlich die Lebensumstände des Mitarbeiters ändern können. Zudem ist die Pflegebedürftigkeit oftmals nicht einfach zu bewältigen und führt zu einer psychischen Belastung. Während über das Thema Kinder regelmäßig gesprochen wird, findet Pflegebedürftigkeit oftmals keine Berücksichtigung in der Kommunikation zwischen Klinik und Mitarbeiter. Oft wissen Krankenhäuser daher gar nicht, wer aus der Belegschaft betroffen ist. Dadurch, dass in Kliniken viele Menschen mit medizinischem, pflegerischem oder therapeutischem Wissen arbeiten, sind diese in ihren Familien oft Ansprechpartner für das Thema oder pflegen Angehörige sogar selbst. Daraus resultiert eine Doppelbelastung, die teilweise schwer zu bewältigen ist. Um einer möglichen Überlastung vorzubeugen, ist es wichtig, das Thema Pflegebedürftigkeit von Angehörigen genauso zu betrachten wie die Thematik Kinder. Zudem sind Informationen zu pflegerelevanten Aspekten bereitzuhalten (z. B. Adressen von Pflegeberatungsstellen, Pflegedienstleistern, verständliche rechtliche, finanzielle und pflegepraktische Informationen). Unterstützung kann auch der hauseigene Sozialdienst bieten, da dieser mit den Themen intensiv vertraut ist. Ohne einen aktiven Hinweis auf bestehende Angebote und entsprechende zeitliche Ressourcen des Sozialdienstes kann eine solche Option allerdings nicht funktionieren. Ergänzend können auch Informationsveranstaltungen und Seminare zum Thema Pflege und Beruf sinnvoll sein, die entweder alleine oder in Kooperation mit anderen Unternehmen angeboten werden. Die Zusammenarbeit mit Pflegedienstleistern oder psychosozialen Beratungsstellen ist ebenso sinnvoll, vor allem, wenn der hauseigene Sozialdienst nicht in ausreichendem Umfang zur Verfügung steht. Eine Beratungshotline oder ein Pflegestützpunkt kann den Beschäftigten den Kontakt zu Pflegeheimen oder ambulanten Pflegediensten vermitteln oder Hinweise geben, wie man eine Auszeit von der Pflege organisieren kann (z. B. um in den Urlaub fahren zu können).

4.2 Instrumente

Häufig bietet die Berufstätigkeit gerade wegen der teils herausfordernden Pflegesituation für viele einen wichtigen Ausgleich zur Situation zu Hause, sodass geeignete Modelle zur Vereinbarung von Pflege und Beruf zu einer maßgeblichen Entlastung des Beschäftigten beitragen können. Unabdingbar sind flexible Gestaltungsmöglichkeiten bei der Arbeitszeit und Arbeitsorganisation. Beispiele sind die Möglichkeit, Schichten zu tauschen oder eine großzügige Pausenregelung. Auch befristete Arbeitszeitreduzierungen, Sonderurlaub oder die Option einer kurzfristigen Freistellung sind hilfreich für betroffene Beschäftigte. Neben der Bereitschaft der Führung des Krankenhauses zur Flexibilität verlangen solche Modelle aber auch einen hohen Willen der anderen Beschäftigten, damit diese funktionieren können. Ist das Thema Work-Life-Balance in der Kultur fest verankert, treten zumeist deutlich weniger Probleme auf, als wenn es sich um mitarbeiterspezifische Einzelaktionen handelt.

Beschäftigte, die Angehörige pflegen, werden oftmals auch vor finanzielle Herausforderungen gestellt. Eine Reduzierung der Arbeitszeit führt zu einer Reduktion des Einkommens, sodass temporär finanzielle Engpässe entstehen können. Ansätze der Arbeitszeitreduzierung mit teilweiser Lohnaufstockung können hier hilfreich sein. Dies kann entweder als freiwillige Sozialleistung geschehen oder auf Basis des Familienzeitgesetzes. Arbeitnehmer können ihre Arbeitszeit über maximal zwei Jahre auf bis zu 15 Stunden pro Woche reduzieren, wenn sie einen nahen Angehörigen pflegen. Die Hälfte des dadurch entstehenden Verdienstausfalles wird durch das Bundesamt für Familie und zivilgesellschaftliche Aufgaben (BAFzA) über ein zinsloses Bundesdarlehen übernommen und muss nach Beendigung der Familienpflegezeit in Raten zurückgezahlt werden. Für die Beantragung des Darlehens sind eine Vereinbarung über die Familienpflegezeit, die Gehaltsabrechnungen der letzten zwölf Monate, ein Nachweis über die Pflegebedürftigkeit eines nahen Angehörigen sowie eine Bescheinigung über eine Versicherung des Arbeitnehmers im Sinne des § 4 Familienpflegezeitgesetzes vorzulegen (§ 12 FPfZG). Der Beschäftigte arbeitet im Regelfall den gleichen Zeitraum, für den er vorher in der Pflegezeit ein höheres Gehalt bei reduzierter Arbeitszeit bezog, nach der Pflegephase bei reduziertem Gehalt mit der Arbeitszeit von vor der Reduktion weiter.

4.3 Familienbewusste Krankenhauskultur als Erfolgsparameter

Familienbewusste Personalpolitik kann nur erfolgreich in einer Klinik gelebt werden, wenn die Thematik als wesentlicher Bestandteil der Krankenhauskultur verstanden und etabliert wird. Gerade im ärztlichen Dienst herrscht oftmals jedoch noch ein traditionelles Berufsverständnis, in dem hohe zeitliche Präsenz und ständige Verfügbarkeit als wichtig und karrierefördernd angesehen werden.

Um Beruf und Familie, insbesondere in Führungspositionen oder bei Nachwuchsführungskräften vereinbar zu machen, ist ein Kulturwandel hin zu einem modernen Arbeitsverständnis erforderlich. Privat- und Berufsleben sollen sich sinnvoll ergänzen und sind keine Gegenpaare, die sich zumindest teilweise ausschließen. Ein Kulturwandel kann nicht verordnet werden, vielmehr braucht es Zeit, umfassende Informationen zu familienbewussten Maßnahmen und eine Förderung der Akzeptanz in der Belegschaft und insbesondere bei den Führungskräften. Führungskräften muss das unternehmerische Interesse am Thema nahegebracht werden, sie müssen davon überzeugt werden, dass familienbewusstes Handeln nicht hohen medizinischen und pflegerischen Standards entgegensteht, sondern diese sogar fördern können. Beispiele können deutlich machen, dass Beruf und Familie kein Gegenpaar sind, sondern sehr wohl miteinander harmonisieren können.

Ein erster Schritt zur Familienorientierung ist die Aufnahme des Themas in das Leitbild der Klinik. Selbstverständlich macht dies nur Sinn, wenn das Leitbild im Krankenhaus nicht nur eine leere Worthülse darstellt, sondern tatsächlich gelebt wird.

Es existiert eine Vielzahl von Maßnahmen der internen Kommunikation (z. B. Mitarbeiterzeitung, Intranet), die genutzt werden können, um Informationen zum Thema Beruf und Familie zu geben. Welche Mittel im Einsatz sinnvoll sind, hängt von hausinternen Gegebenheiten ab. Genutzt werden sollten die Kanäle, auf die die Mitarbeiter regelmäßig Zugriff haben. Zudem empfiehlt es sich, mehrere Medien gleichzeitig einzusetzen, da die Nutzungshäufigkeit der Instrumente

4.3 Familienbewusste Krankenhauskultur als Erfolgsparameter

nicht bei allen Personen und Berufsgruppen gleichermaßen hoch ist. Eine wichtige Ergänzung stellt die persönliche Kommunikation dar, bei der Beschäftigte direkt auf die Thematik angesprochen werden. Beispiele sind Mitarbeitergespräche, aber auch Betriebsversammlungen. Neben der Darstellung der klinikeigenen Angebote ist es oft hilfreich, erfolgreiche Beispiele für die Vereinbarkeit von Beruf und Familie zu präsentieren. Berichten solche Personen selbst über ihre Erfahrungen, ist dies mit hoher Glaubwürdigkeit verbunden. Zudem kann damit aber auch gezeigt werden, dass die Instrumente von Seiten des Betroffenen selbst, der Kollegen und des Krankenhauses Kompromissbereitschaft verlangt und nicht alles von selbst läuft.

Besonders erfolgreich sind Maßnahmen, wenn die Beschäftigten selbst an der Entstehung und der Entwicklung beteiligt werden. Dadurch steigt die Identifikation der Mitarbeiter mit den Maßnahmen und mit dem Krankenhaus, zudem verbreiten sich die Instrumente in der Belegschaft schneller.

Beispiel: Beteiligungsorientierte Kommunikation im Schwarzwald-Baar-Klinikum in Villingen-Schwenningen bei der Neugestaltung der Arbeitsorganisation (Bundesministerium für Familie, Senioren, Frauen und Jugend 2013, S. 45):

- *Bereichsübergreifende Arbeitsgruppe bilden:* Eine Arbeitsgruppe mit Personalleitung, ärztlicher Direktion, Pflegedirektion und drei Betriebsräten wurde gebildet, die in einem knappen halben Jahr fünf Treffen hatte und die Betriebsvereinbarung zum Abschluss brachte.
- *Interessen ausbalancieren:* In den ersten drei Arbeitstreffen wurden die Bedürfnisse der Arbeitnehmer und des Arbeitgebers und der unterschiedlichen Bereiche gesammelt und daraus konkrete Vorschläge entwickelt.
- *Vorschläge in der Belegschaft rückversichern:* Die Vorschläge der Arbeitsgruppe wurden in die verschiedenen Bereiche eingebracht und es wurde geprüft, inwieweit die Mitarbeiter die Vorschläge für gut befinden.

- *Vorschläge mit den Führungskräften diskutieren:* Der Entwicklungsstand wurde einem in die regelmäßig tagende Arbeitsgruppe entsandten Sprecher der ärztlichen Führungskräfte vorgestellt. Zugleich trug dieser die für die ärztlichen Führungskräfte wichtigen Gestaltungsaspekte vor, die die Arbeitsgruppe in ihre weitere Arbeit integrierte.

- *Unterstützung zur Einführung bieten:* Ein Begleitgremium für die Einführungsphase wurde eingerichtet, um die stark ins Tagesgeschäft eingebundenen Führungskräfte zu unterstützen. Führungskräfte konnten sich mit Schwierigkeiten und Fragen an das Gremium wenden. So sollte die Verankerung und Umsetzung der Betriebsvereinbarung sichergestellt werden.

- *Bestätigung der Klinikleitung einholen:* Die Betriebsvereinbarung wurde im Rahmen einer Tagung der oberen Führungsebene (Geschäftsführung und Klinikdirektion) erstmalig vorgestellt).

- *Belegschaft informieren:* Die verabschiedete Betriebsvereinbarung wurde in Informationsveranstaltungen berufsgruppenübergreifend (Ärzte, Pflege, Verwaltungspersonal) vorgestellt. Alle Beteiligten der Arbeitsgruppe präsentierten hier das Entwickelte gemeinsam.

- *Führungskräfte schulen:* Zur Umsetzung der Vereinbarungen wurden die Dienstplanverantwortlichen inhaltlich geschult.

5 Change Management – Veränderungen erfolgreich gestalten

5.1 Notwendigkeit und Auslöser von Veränderungen im Krankenhaus

Wer sich ein Krankenhaus als mechanisches System vorstellt, der sieht die Mitarbeiter nicht als individuelle Wesen mit eigenen Vorstellungen, sondern als eine Art Rädchen im Getriebe. Ihre Aufgabe besteht darin, an einem fest definierten Platz Aufgaben zu erfüllen. Ihnen sind konkrete Rechte, aber auch Pflichten vorgegeben. Die Flexibilität bei der Verrichtung von Tätigkeiten ist auf ein Minimum reduziert, da davon ausgegangen wird, dass Abweichungen vom vorgegebenen Vorgehen regelmäßig zu Störungen des Gesamtsystems führen. Unterstellt werden somit kausale Beziehungen, die vollständig analysiert sind. Dem Topmanagement ist es deshalb möglich, optimale Lösungen zu generieren. Als notwendig erachtete Veränderungen werden dann beschlossen und angewiesen. Zur Steuerung von Veränderungsprozessen reicht ein konsequentes Projektmanagement aus. Man nimmt an, dass alles logisch erfassbar und deshalb planbar ist. Abweichungen vom Plan werden als Fehler angesehen, Widerstand durch Mitarbeiter ist ein Zeichen von mangelndem Verständnis. Widerstand wird entweder ignoriert oder durch Machtausübung unterdrückt. Im Mittelpunkt des Managements der Klinik stehen somit harte Fakten. Soziales Verhalten findet nur insoweit Betrachtung, wenn Störungen unterdrückt werden müssen. Change Management startet bei dieser Sichtweise erst mit der Einführung der festgelegten Lösung, eine Sensibilisierung für die Notwendigkeit der Veränderung oder ein Einbezug der Beschäftigten in die Lösungsfindung unterbleibt. In vielen Krankenhäusern ist ein solches Vorgehen, wenngleich nicht in der geschilderten Extremität, häufig anzutreffen. Veränderungsprozesse können so allerdings selten in vollem Umfang erfolgreich gestaltet werden.

Ein aktives Beziehungsmanagement zu den Mitarbeitern verlangt, ein Krankenhaus als soziales System zu verstehen, in dem die Beschäftigten als Individuum mit eigener Meinung und Kreativität angesehen werden. Viele Organisationsmitglieder stehen untereinander in einem engen Dialog, um ihre eigenen Ziele durchzusetzen. Will man die Beschäftigten für einen Veränderungsprozess begeistern, müssen die Menschen für diesen gewonnen werden, indem man sie davon überzeugt. Mitarbeiter als Rädchen im Getriebe zu betrachten, missachtet folglich die Wechselwirkungen, die die Beschäftigten aufeinander ausüben. Diese können sich im Sinne des Krankenhauses zu einem eingeschworenen Team entwickeln, welches mit Begeisterung und Engagement Veränderungen vorantreibt, oder aber Veränderungen versucht zu unterlaufen. Die Eigendynamik, die von Mitarbeitern ausgeht, hat letztlich zum Ergebnis, dass eine Planung nicht allumfassend erfolgen kann. Veränderungsprozesse brauchen daher eine regelmäßige Beobachtung und Anpassung an sich ändernde Bedingungen. Störungen und Widerstand werden als normal angesehen, mit denen professionell umgegangen werden muss. Das Verhalten wird nicht als gefährdet betrachtet, sondern auch als Quelle von Informationen, die zur Optimierung des Vorgehens beitragen können. Zentraler Erfolgsfaktor ist somit die Kommunikation mit und zwischen den Mitarbeitern. Die harten Fakten dienen zur Unterstützung der Arbeitsausführung. Kommunikation kann auch niemals auf ein formalisiertes Organigramm beschränkt werden, denn neben den offiziellen Strukturen werden sich immer informelle Kommunikationswege entwickeln. Letztlich ist eine Einbeziehung der Mitarbeiter auch in der Planungsphase von Change-Prozessen zentraler Bestandteil dieser Denkweise. Die Beschäftigten sollen frühzeitig informiert werden und die Möglichkeit haben, Bedenken zu äußern und Änderungsvorschläge anzuregen. Zu beachten ist, dass, auch wenn ein Krankenhaus als soziales System aufgefasst wird, Anweisungen durch die Geschäftsleitung trotz allem nicht unterbleiben können. Selbstverständlich ist es in gewissen Situationen nach wie vor nötig, klare Vorgaben zu machen, von denen nicht abgewichen werden kann.

5.1 Notwendigkeit und Auslöser von Veränderungen im Krankenhaus

Beispiel: In einem Krankenhaus wird ein zentrales Bettenmanagement eingeführt.
Aufgabe des Zentralen Belegungsmanagements ist die Terminierung aller Patienten (z. B. vorstationäre Untersuchungen, stationäre Aufnahme, geplante Eingriffe). Zudem übernimmt die Einheit die Belegungsplanung für alle Abteilungen des Krankenhauses. Hierin liegt ein wesentlicher Unterschied zu dem bislang praktizierten Vorgehen, bei denen jede Abteilung für sich selbst die Termin- und Bettendisposition vorgenommen hat. Fachabteilungsspezifische Terminkalender werden nicht mehr vorgehalten, vielmehr koordiniert das Zentrale Bettenmanagement die verfügbaren Bettenressourcen.

Mechanisches Vorgehen: Die Geschäftsführung ist von den Vorteilen (z. B. Glättung in der Auslastung der Personalressourcen und Geräten) überzeugt und entwickelt ein aus ihrer Sicht optimales, neues System. Die betroffenen Abteilungen werden in die Planung nicht einbezogen, es wird lediglich angeordnet, ab welchem Zeitpunkt die Vergabe erfolgt.

Krankenhaus als soziales System: Die Abteilungen werden aktiv in die Erarbeitung des neuen Konzeptes einbezogen. Im Vorfeld wird aufgrund nachvollziehbarer Fakten aufgezeigt, warum eine Veränderung notwendig ist. Alle Beschäftigten sind dazu aufgefordert, ihre Bedenken zu äußern und Ideen einzubringen, wie das angedachte Vorgehen inhaltlich noch verbessert werden kann.

ERM hat in einem Veränderungsprozess zwei zentrale Funktionen, eine soziale sowie eine operative (▶ Abb. 5.1).
Die soziale Aufgabe besteht in einer intensiven Kommunikation und einem umfangreichen Austausch mit den Mitarbeitern, um für die Notwendigkeit der Veränderung zu sensibilisieren, den Inhalt des Neuen aufzuzeigen und Vorteile daraus transparent zu machen sowie Konsequenten transparent und ehrlich zu benennen. Operativ geht es darum, die richtigen Mitarbeiter im nötigen Umfang und der erforderlichen Tiefe zu informieren und in den Prozess einzubeziehen, sodass dieser erfolgreich und wirtschaftlich durchgeführt wird.

Starke Wettbewerber, veränderte Wünsche von Mitarbeitern und Patienten, ein Wechsel bei den Führungskräften, neue Mitarbeiter oder

5 Change Management – Veränderungen erfolgreich gestalten

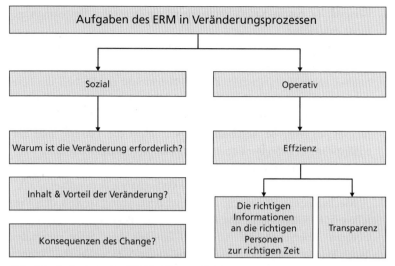

Abb. 5.1: Aufgaben des ERM in Change-Prozessen

eine Umstellung der Organisation oder von Prozessen – es gibt viele Gründe, wenn sich Krankenhäuser verändern. Einige Krankenhäuser sind vom Wandel getrieben und ihm passiv ausgesetzt, andere managen ihn aktiv und vorausschauend. Weiterentwicklungen setzen Veränderungen voraus. Werden diese ungesteuert vorgenommen, ist die Erfolgswahrscheinlichkeit äußerst gering. Genau an diesem Punkt setzt Change Management an. Change Management ist nichts anderes als das gezielte Steuern von Veränderungen. Es möchte Veränderungen bewusst aktiv auslösen und will Veränderungen gezielt umsetzen und diese nachhaltig absichern. Im Mittelpunkt steht die Steuerung des sozialen Veränderungsprozesses, da die vom Change Management betroffenen Führungskräfte und Mitarbeiter der zentrale Faktor für das Gelingen oder Scheitern des Prozesses sind. Veränderungen können nicht nach dem Prinzip eines Lichtschalters vorgenommen werden, man kann nicht einfach den Schalter drücken und dadurch einen erwünschten neuen Zustand erhalten. Die Notwendigkeit, Veränderungsprozesse in Gang zu setzen, kann sowohl aus externen als auch aus internen Faktoren resultieren.

5.1 Notwendigkeit und Auslöser von Veränderungen im Krankenhaus

Beispiele im Krankenhaus sind:

- Neuorganisation des Aufnahmemanagements durch eine strikte Trennung von elektiven und Notfallpatienten
- Einführung eines zentralen Bettenmanagements anstelle einer bisherigen dezentralen Vergabe
- Veränderungen von Arbeitsprozessen (z. B. OP-Prozesse)
- Verbesserung der Zusammenarbeit mit den vor- und nachgelagerten Bereichen (z. B. mit niedergelassenen Ärzten)
- Optimierung der Zusammenarbeit unterschiedlicher Mitarbeitergruppen (z. B. Aufgabenverteilung zwischen ärztlichem und pflegerischem Dienst)
- Neugestaltung der Aufbauorganisation (z. B. Profit-Center anstelle eines funktionsorientierten Aufbaus)
- Politische Rahmenvorgaben (z. B. neues Abrechnungssystem)
- Technologische Entwicklungen (z. B. Telemedizin)
- Gesellschaftliche Veränderungen (z. B. Work-Life-Balance-Bestrebungen von Mitarbeitern)

Die Veränderungen können dabei nur auf einzelnen Stationen bzw. Bereichen oder aber in mehreren Stationen/Bereichen erfolgen. Denkbar sind auch Change-Prozesse, die auf das gesamte Krankenhaus einwirken. Je mehr Stationen bzw. Bereiche von den Maßnahmen betroffen sind, desto komplexer ist die Steuerung des Prozesses.

Veränderungen werden durch die Beschäftigten zum Teil als Bedrohung wahrgenommen, zudem verlangen sie eine Abkehr von bislang bestehenden Einstellungen und Verhaltensmustern (▶ Abb. 5.2). Ergebnis kann daher Desinteresse an Veränderungen bis hin zu Angst und Ohnmacht vor bzw. gegenüber dem Neuen sein.

Change muss von kontinuierlicher Weiterentwicklung abgegrenzt werden. Bei Change geht es um weitreichende Veränderungen, bei denen etwas Neuartiges geschaffen wird. Bei einer kontinuierlichen Weiterentwicklung liegen kleine, ineinanderfließende Schritte vor, die erst über einen längeren Zeitraum hinweg auch zu umfangreichen Veränderungen führen können. Wird das bisherige Vorgehen modifiziert, kann bei dem nachfolgenden Verhalten immer noch der ursprüngliche

5 Change Management – Veränderungen erfolgreich gestalten

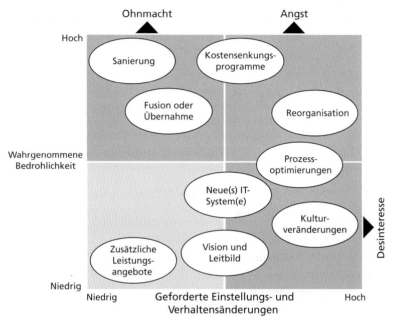

Abb. 5.2: Veränderung und ihre Wirkung auf Mitarbeiter

Zustand erkannt werden. Im Kern geht es schwerpunktmäßig um Effizienzsteigerungen, also um die Frage, wie man dasselbe schneller, kostengünstiger oder mit weniger Risiko erreichen kann. Beim Change kommt es zu einer abrupten Abkehr vom bisherigen Status, es wird ein völlig neues Denken und ein Verständnis für neue Konzepte erforderlich. Change-Prozesse beschäftigen sich daher zumeist mit der Effektivität, also mit der Frage, was überhaupt richtig, angemessen und erfolgreich ist. Es handelt sich insofern um eine Art »Neuanfang auf der grünen Wiese«, mit der Aufgabe, eine Vorgehensweise festzulegen, die eingeführt würde, wenn man nochmals ganz von vorne (Neueröffnung des Krankenhauses) beginnen könnte.

Beispiel: Werden Prozesse überarbeitet, um die Wartezeiten von Patienten bis zum Erhalt eines Bettes nach Aufnahme zu minimieren, so liegt eine kontinuierliche Verbesserung vor. Wird jedoch das komplette Aufnahme- und Bettenmanagement etwa durch die Eröffnung einer Aufnahmestation mit strikter Trennung von Notfällen und Nichtnotfällen sowie einem zentralen Bettenmanagement neu strukturiert, handelt es sich um Change. Es sind bauliche Maßnahmen notwendig, zudem müssen komplett neue Prozesse entwickelt werden.

5.2 Widerstand gegen Veränderung

Menschen stehen Veränderungen tendenziell skeptisch gegenüber, weshalb häufig Veränderungen nicht proaktiv vorangetrieben werden. Nur wenige Personen stehen einer anstehenden Veränderung ohne Vorbehalte gegenüber oder sehen sie sogar als Chance. Da Veränderungen für die Mitarbeiter häufig überraschend, unbequem (z. B. Verabschieden von gewohnten Abläufen) und beängstigend (z. B. Angst vor Prestigeverlust, Angst um den Arbeitsplatz) sind, kommt es nicht selten zu Widerständen gegen einen Wandel. Aus der Sichtweise der Initiatoren des Wandels sind Widerstände im Regelfall beschwerlich und störend. Es besteht daher die Versuchung, diese zu ignorieren oder mit Hilfe hierarchischer Macht zu unterdrücken. Durch dieses Verhalten wird der Widerstand aber nur noch verstärkt, sodass mindestens eine Verzögerung beim Veränderungsprozess oder sogar ein Scheitern zu erwarten sind. Wichtig ist es daher, Widerstände rechtzeitig zu erkennen, um diese mit geeigneten Maßnahmen reduzieren zu können. Generell kann man drei Arten von Widerständen unterscheiden:

Rationaler Widerstand (sachliche Kritik)
Der rationale Widerstand resultiert aus logischen Argumenten gegen die Veränderung. Es ist die Form von Widerstand, die für das Krankenhaus am einfachsten zu handhaben ist. Kann man den Mitarbeitern nachvollziehbar begründen, warum die Veränderung für das Kranken-

haus von Bedeutung ist, weicht diese Art von Widerstand schnell der Einsicht der Mitarbeiter.

Politischer Widerstand
Politischer Widerstand entsteht durch die Angst, auf Grund von Veränderungen im Krankenhaus an Einfluss und Macht zu verlieren. Das ist z. B. der Fall, wenn anstelle einer dezentralen Bettenvergabe ein zentrales Bettenmanagement eingeführt wird. Das Problem beim politischen Widerstand ist, dass er regelmäßig nicht offen vorgebracht wird.

Emotionaler Widerstand
Emotionaler Widerstand entwickelt sich aus Ängsten der Mitarbeiter vor dem Wandel. Der emotionale Widerstand lässt sich nicht mit logischen Argumenten erklären, vielmehr spielen subjektive, nicht rational erklärbare Gefühle die entscheidende Rolle. Meist handelt es sich dabei um die Angst, mit den Veränderungen nicht zurechtzukommen.

Für den Widerstand der Mitarbeiter gegen Veränderungen gibt es diverse Ursachen:

- Fehlendes Problemverständnis der Mitarbeiter (»Veränderungen sind doch gar nicht nötig, es läuft doch alles gut.«)
- Mangelhafte Kommunikation und dadurch unzureichende Information der Mitarbeiter über den Wandel
- Fehlendes Vertrauen in die Führungskräfte und die Geschäftsleitung (z. B. fehlende Sympathie)
- Keine aktive Beteiligung der Mitarbeiter am Wandel (Mitarbeiter ist nur passiver Beobachter)
- Angst der Mitarbeiter vor zusätzlicher Arbeit
- Angst vor persönlicher Entqualifizierung (z. B. Prestigeverlust, Verlust an Kompetenzen, Einkommenseinbußen)
- Zielkonflikte (die neuen Unternehmensziele decken sich nicht mit den Mitarbeiterzielen)

5.2 Widerstand gegen Veränderung

Beispiel: Einführung eines zentralen OP-Managements
In einem Krankenhaus soll ein zentrales OP-Management anstelle einer bisher dezentralen Planung eingeführt werden. Ziel ist die Gewährleistung einer optimalen Versorgung der Patienten in einem zeitgerechten Rahmen, die Anpassung der Organisation und Infrastruktur im OP an die Versorgungsziele des Hauses, Kosten- und Qualitätsverbesserungen sowie eine Steigerung der Mitarbeiterzufriedenheit.

Widerstand kann daraus erwachsen, dass Operateure die Notwendigkeit einer Anpassung nicht sehen, da sie mit den bisherigen Leistungszahlen (z. B. Wechselzeiten, Stillstandzeiten) zufrieden sind.

Kritik am neuen System kann auch daraus erwachsen, dass die einzelnen Abteilungen befürchten, ihre bisherigen Autonomien zu verlieren und nicht mehr eigenständig flexibel reagieren zu können.

Mitarbeiter im Funktionsdienst können Befürchtungen äußern, dass für sie neue, ungewohnte Arbeits- und Betriebszeiten im OP entstehen und zudem das Ziel »Kosteneinsparung« direkt durch die Reduktion der Mitarbeiterzahl erreicht werden soll.

Gegenströmungen resultieren zudem oft, wenn bei der Einführung keine maximale Transparenz durch ein valides und anerkanntes Berichtswesen hergestellt wird und kein gemeinschaftliches, konstruktives, respektvolles Miteinander im Veränderungsprozess angestrebt wird.

Die Symptome für Widerstand sind vielfältig. Je nach ihrer Persönlichkeit reagieren Mitarbeiter anders auf Veränderungsvorhaben. Widerstand tritt in vielfältiger Form auf und ist teils als solcher nicht unmittelbar zu erkennen. Oftmals zeigt er sich auf eine verdeckte und indirekte Art und Weise, beispielsweise in Form von Passivität oder dem Streuen von Gerüchten. Führungskräfte stehen daher vor der Herausforderung, Widerstand frühzeitig zu erkennen, um schnellstmöglich gegensteuern zu können. Widerstand kann sich aktiv oder passiv äußern und sich durch verbales oder nonverbalen Verhalten zeigen (▶ Abb. 5.3).

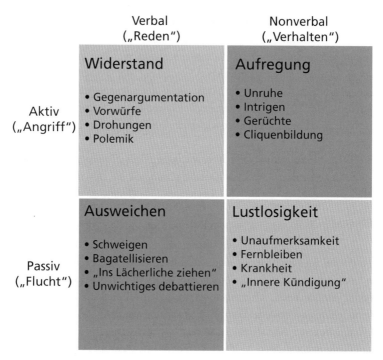

Abb. 5.3: Formen von Widerstand (in Anlehnung an Doppler und Lauterburg 2014, S. 357)

Verdeckter Widerstand ist vor allem dadurch geprägt, dass Mitarbeiter ihre eigentlichen Motive hinter vorgeschobenen sachlichen Argumenten verbergen. Ängste oder Eigeninteressen werden somit nicht offen kommuniziert. Für Führungskräfte besteht die Gefahr, die vorgeschobenen Argumente als reale Einwände aufzufassen. Die Befassung und Entkräftung führt jedoch nicht zu einer Lösung der Problematik, vielmehr werden dann neue Argumente durch den Widersacher gesucht werden, sodass die Diskussion zu keinem Ende kommt.

Hat die Führungskraft erkannt, dass Widerstand gegen die Änderungen vorhanden ist, müssen zunächst die Ursachen ermittelt werden, bevor geeignete Maßnahmen zur Reduktion der Abwehrhaltung abgeleitet werden können. Die Basis des Widerstandes ist vielfältig, im Kern können jedoch vier Hauptursachen identifiziert werden (▶ Abb. 5.4).

5.2 Widerstand gegen Veränderung

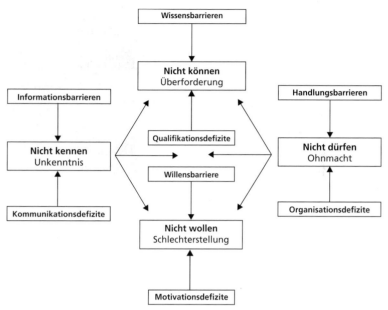

Abb. 5.4: Ursachen von Widerstand

Unkenntnis entsteht durch eine unzureichende Informationsversorgung. Sie liegt vor, wenn am Anfang des Veränderungsprozesses Informationen bezüglich der Notwendigkeit, des Ziels, der Umsetzung und der Folgen der Veränderungen nicht bzw. nicht rechtzeitig bekannt gegeben werden. Ebenso kann eine mangelhafte Aufrechterhaltung des Wissensstandes im Laufe des Change-Prozesses zu einem Vergessensprozess führen. Eine Überflutung mit Informationen ist ebenso schädlich, da der Mitarbeiter diese dann kaum verarbeiten kann. Auch die Qualität der Informationen ist entscheidend. Diese müssen klar, verständlich, transparent und glaubwürdig sein. Unkenntnis führt zumeist zu fehlendem Problembewusstsein, sachlichen Vorbehalten oder diffusen Ängsten und Unsicherheiten.

Schlechterstellung resultiert aus der Befürchtung, nach der Veränderung im Vergleich zur gegenwärtigen Situation schwächer aufgestellt zu sein (z. B. weniger Einfluss auf OP-Kapazitäten, Arbeitsplatzverlust). Die negative Reaktion kann auch aus schlechten Erfahrungen aus vorausgehenden Veränderungsprozessen resultieren. Bei mangelndem Vertrauen in die Führungskräfte haben Beschäftigte teils Angst davor, dass sie über die wahren Hintergründe der Veränderung im Unklaren gelassen werden. Eine Befürchtung, dass man schlechter gestellt sein könnte, kann zudem Folge einer unzureichenden Beteiligung sein. Wird der Mitarbeiter nicht ausreichend einbezogen, so kann die Mutmaßung entstehen, dass die eigenen Ansichten nicht genügend beim Change-Prozess berücksichtigt werden.

Überforderung entsteht, wenn Mitarbeiter Unsicherheit verspüren, ob sie den künftigen neuen bzw. andersartigen Aufgaben gerecht werden können.

Ohnmacht entsteht durch formale Hürden, aufgrund derer sich Beschäftigte nicht in der Lage sehen, so zu handeln, wie sie es eigentlich für erforderlich halten. Gründe hierfür sind beispielsweise ungeschriebene Regeln und Werte des Krankenhauses, unzureichende Budgets oder nicht ausreichende Befugnisse.

Hat die Führungskraft die wahren Ursachen für den Widerstand ermittelt, so lassen sich zielgerichtet Maßnahmen zum Abbau einleiten.

Die Führungskraft muss sich jedoch bewusst sein, dass nicht nur der Widerstand an sich ein Hemmnis für den Wandel darstellt, sondern oftmals die eigene Ungeduld mit den Mitarbeitern sowie der Ärger über den Widerstand ebenso bremsend wirken. Es sollte auf die Beschäftigten zugegangen und ihnen aufmerksam zugehört werden. Im Gespräch sollte dem Mitarbeiter Interesse an seiner Position signalisiert werden. Ziel ist es, in einem ersten Schritt eine Vertrauensbasis zu schaffen und erst in einem zweiten Schritt durch Gegenargumente die Einwände auszuräumen.

Veränderungen werden als persönliche und sachliche Risiken von den Beschäftigten wahrgenommen. Persönliche Risiken sind Jobverlust, Statuseinbußen oder Einkommensverluste. Sachliche Risiken meinen, dass von der Veränderungsmaßnahme keine Effizienzsteigerungen und damit keine Verbesserung der aktuellen Situation erwartet werden.

Je nach Einschätzung der persönlichen und sachlichen Risiken können die Mitarbeiter in vier Gruppen klassifiziert werden (▶ Abb. 5.5). Aus der Zuordnung lassen sich dann Rückschlüsse über den Umgang mit dem Mitarbeiter ziehen.

5.2 Widerstand gegen Veränderung

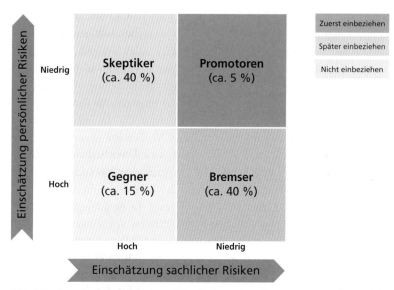

Abb. 5.5: Zuordnungsmatrix von Mitarbeitern im Change-Prozess (in Anlehnung an Mohr und Woehe 1998, S. 44)

Zu Beginn umfasst die Gruppe der Promotoren oftmals nur ca. 5 % der Beschäftigten. Diese Gruppe stuft die persönlichen und sachlichen Risiken als niedrig ein und fasst die Veränderung als Chance auf. Promotoren lassen sich in drei Untergruppen differenzieren. Die *Macht-Promotoren* (z. B. Geschäftsleitung) können Willensbarrieren dadurch auflösen, dass sie finanzielle, personelle oder sachliche Ressourcen zur Verfügung stellen. Außerdem haben sie die hierarchische Macht, um als Entscheider den Veränderungsprozess vorantreiben zu können. *Fach-Promotoren* können Fähigkeitsbarrieren abbauen, da sie einen Blick für fehlende Qualifikationen bei den Mitarbeitern haben. Zudem verfügen sie oftmals aufgrund ihrer fachlichen Fähigkeiten über eine hohe Wertschätzung im Krankenhaus. Haben diese Mitarbeiter zudem noch ein hohes persönliches Ansehen aufgrund ihrer Sozialkompetenz, sind sie wertvolle Treiber des Change-Prozesses. *Prozess-Promotoren* haben umfangreiche Erfahrung im Projektmanagement. Sie nehmen eine Mittlerfunktion zwischen den Macht- und Fach-Promotoren sowie im Verhältnis dieser beiden Gruppen zu den Mitarbeitern ein. Promotoren setzen sich mit persönlichem Engagement für das Veränderungsvorhaben ein und können so positiv auf Skeptiker und Bremser einwirken, sodass diese sich ebenfalls aktiv und fördernd am Change-Prozess beteiligen. Die Promotoren sollten frühzeitig in den Veränderungsprozess einbezogen werden. Führungskräfte sollten ihnen ein hohes Maß an Wertschätzung zeigen und ihr Engagement fördern.

Skeptiker (ca. 40 % zu Beginn) schätzen die sachlichen Risiken hoch ein, haben aber keine persönlichen Vorbehalte gegen die Veränderung. Bei ihnen ist zwar Problembewusstsein vorhanden, allerdings glauben sie nicht an den Erfolg der vorgesehenen Veränderungen. Sie erwarten entweder keine Verbesserung der aktuellen Situation oder sehen sogar die Gefahr einer Verschlechterung. Es ist daher zu erwarten, dass sie sachliche Einwände gegen den Prozess vorbringen. Wird auf diese ausreichend eingegangen und genügend Raum für eine sachliche Diskussion gegeben, kann es gelingen, die Skeptiker vom Veränderungsvorhaben zu überzeugen und als Promotoren zu gewinnen. Sie werden zudem möglicherweise Veränderungen befürworten, wenn sie sich persönliche Vorteile (z. B. Einkommenszuwachs) davon versprechen. Im Vergleich zu den Promotoren sollten Skeptiker erst etwas später in den Veränderungsprozess einbezogen werden. Um ihre Unterstützung zu gewinnen, müssen sie von der Notwendigkeit der Veränderung überzeugt werden. Gelingt dies nicht, besteht die Gefahr, dass bloße Kritik sich in aktiven Widerstand wandelt. Als Kritiker sind sie für die Führungskraft zwar anstrengend, zugleich aber auch wertvoll, da sie Hinweise geben, an welchen Stellen möglicherweise das Projekt noch Schwachstellen hat. Die Führungskraft sollte gegenüber Skeptikern einerseits wertschätzend auftreten und ihre Bedenken ernst nehmen, andererseits aber auch diejenigen Mitarbeiter bremsen, die auch nach mehrmaliger Diskussion die sachlichen Argumente ablehnen.

Bremser (ca. 40 % zu Beginn) sehen im Gegensatz zu den Skeptikern die Probleme nicht im sachlichen Bereich. Sie sind von der Notwendigkeit der Veränderung überzeugt, haben jedoch Befürchtungen, dass sie durch das Projekt persönliche Nachteile zu erwarten haben. Bremser werden häufig irrtümlicherweise als Skeptiker missinterpretiert, da sie mit rationalen Argumenten versuchen, ihre eigentlichen

Ängste im Verborgenen zu halten. Die Führungskräfte müssen daher herausfinden, ob die vorgebrachten Gegenargumente sachlicher Natur sind oder ob sich dahinter andere Befürchtungen verbergen. Sobald dies gelungen ist, muss den Bremsern verdeutlicht werden, welche persönlichen Auswirkungen das Projekt tatsächlich hat. Oftmals bestehen für den Einzelnen sogar Vor- und keine Nachteile, sodass Bremser sich zu Promotoren entwickeln. Wie Skeptiker sollten auch Bremser erst später in den Veränderungsprozess integriert werden. Die Bremser können nur dann von dem Veränderungsprozess überzeugt werden, wenn ihnen klar wird, dass ihre Vorbehalte zu Unrecht bestehen. Daher ist frühzeitig zu klären, mit welchen Folgen die Veränderung für den Einzelnen einhergeht. Sind beispielsweise keine Entlassungen durch die Veränderung zu erwarten, so muss dies schnellstmöglich kommuniziert und zugesichert werden. Sollten Ängste bestehen, dass man nicht über die entsprechenden Fähigkeiten besitzt, ist zu signalisieren, dass mit Hilfe von Schulungsmaßnahmen Defizite gezielt abgebaut werden.

Gegner sind in der Belegschaft zu Beginn mit ca. 15 % vertreten. Sie zweifeln sowohl an der sachlichen Eignung der Veränderung zur Verbesserung, zudem sehen sie persönliche Risiken. Der Widerstand wird daher von dieser Gruppe am größten sein, sodass sie sich nur schwer für die Unterstützung des Veränderungsvorhabens gewinnen lässt. Oftmals werden die Interessen sogar aggressiv verteidigt oder mit Kündigung gedroht. Gegner lassen sich kaum vom Veränderungsprozess überzeugen. Steigt allerdings die Zahl der Befürworter im Laufe der Zeit an, kann es sein, dass Gegner ihren Widerstand Schritt für Schritt aufgeben.

Um mit Widerständen zielgerichtet umgehen zu können, sollten vier Grundsätze beachtet werden (Doppler und Lauterburg 2014, S. 303):

1. Es gibt keine Veränderungen ohne Widerstand: Veränderungen führen zu Unmut – das ist ein normales Phänomen und nichts Außergewöhnliches. Anlass zur Sorge gibt es eher, wenn das Team gar keine Abwehr zeigt. Dies ist ein Zeichen dafür, dass die Belegschaft gar nicht erst an die Umsetzung der Veränderungsmaßnahme glaubt.

2. Widerstand enthält immer eine verschlüsselte Botschaft: In den meisten Fällen sind Veränderungen notwendig und sinnvoll. Die Bedenken, Befürchtungen oder Ängste haben meist gar nichts mit den Änderungen an sich zu tun, sondern haben ihre Wurzel im emotionalen Bereich.
3. Nichtbeachtung von Widerstand führt zu Blockaden: Das Krankenhaus-Management sollte prüfen, ob die Voraussetzungen für den Veränderungsprozess wirklich gegeben sind. Der Aufbau von verstärktem Druck führt lediglich zu einem verstärkten Gegendruck der Beschäftigten und ist daher nicht zielführend.
4. Mit dem Widerstand, nicht gegen ihn gehen: Die Ursachen des Widerstands müssen erforscht werden, nur so kann damit konstruktiv umgegangen werden. Wird Widerstand ausreichend Raum eingeräumt, kann es gelingen, Druck abzubauen. Dazu müssen sich die Führungskräfte Zeit für die Kommunikation mit den Beschäftigten nehmen und die Mitarbeiter in die Änderungsprozesse einbeziehen. Wenn Arbeitnehmer das Gefühl haben, beteiligt zu werden, sind sie eher bereit, Neuerungen zu akzeptieren, sie zu gestalten und den neuen Weg mitzugehen.

Betrachtet werden sollte ferner, inwieweit Mitarbeiter auf den Veränderungsprozess Einfluss nehmen können und inwieweit sie das Projekt unterstützen (▶ Abb. 5.6).

Je nach Zuordnung des Beschäftigten, lassen sich Grundsätze für den Umgang mit den Mitarbeitern ableiten. Die Intensität reicht dabei von reinem »Informierthalten« bis hin zur umfassenden Beteiligung von Schlüsselpersonen.

Abschließend werden anhand der Einführung eines integrierten Aufnahmemanagements mögliche Widerstandsquellen dargestellt und aufgezeigt, wie insbesondere in der Frühphase eines Veränderungsprozesses die Mitarbeiter für den Change-Vorgang gewonnen werden können.

5.2 Widerstand gegen Veränderung

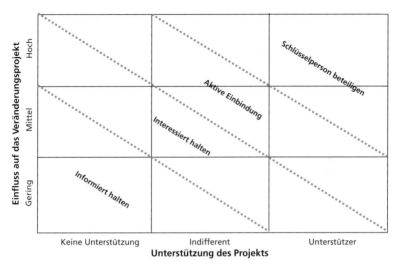

Abb. 5.6: Einfluss-Unterstützungsmatrix (in Anlehnung an Vahs und Weiand 2013, S. 144)

Beispiel: Einführung eines Integrierten Aufnahmemanagements
Organisatorische Änderungen bei der Aufnahme sind in der Umsetzung komplex, da zahlreiche Berufsgruppen und vielfältige, bisher gewohnte Abläufe davon betroffen sind. Bei der Einführung eines Integrierten Aufnahmemanagements im Rahmen des Veränderungsprozesses bestehen vielfältige Bedenken seitens des ärztlichen und pflegerischen Dienstes, mit denen sich die Führungskräfte auseinandersetzen müssen (Schmola 2016, S. 157ff.). Insbesondere Wissens- und Willensbarrieren erschweren die Veränderung. Die leitenden Ärzte der einzelnen Fachabteilungen werden dem Konzept zunächst skeptisch gegenüberstehen, da sie ihre eigenen Interessen beeinflusst sehen. Termine können nicht mehr selbstständig vergeben werden, ebenso wird der Einfluss auf die Betten- und die Operationssaalplanung reduziert. Zudem besteht die Gefahr einer Reduktion der Bettenzahl der Abteilung durch die Festlegung von fließenden Bereichen. Dies wird als Bedeutungsverlust der eigenen Fachrichtung verstanden. Kritisiert wird zudem der Verlust an Flexibilität und der Möglichkeit einer individualisierten Patientenaufnahme. Die ei-

gene Abteilung wird daher als Ausnahme dargestellt, in der das Konzept nicht funktionieren kann (z. B. besonders hoher Notfallanteil, Vielzahl an speziellen Patienten). Um die Betten- und OP-Kapazitäten kann es zu Verteilungskämpfen kommen, da die Mediziner die Sorge haben, dass ihnen nach der Umstellung nicht mehr genügend Betten und OP-Kapazitäten zur Verfügung stehen. Problematisch wird zudem die Kapazität der Fachärzte der eigenen Abteilung gesehen. Angezweifelt wird, dass ein Facharzt durchweg während der Öffnungszeiten der Elektiven Patientenaufnahme dieser zur Verfügung gestellt werden kann. Durchsetzungsprobleme werden weiterhin damit begründet, dass ein Zentrales Belegungsmanagement das notwendige fachliche Wissen kurzfristig nicht aufbauen kann. Die Betten- und Terminplanung ist deshalb auf einem qualitativ hochwertigen Niveau nicht möglich. Es wird angenommen, dass die Mitarbeiter erst langwierig geschult werden müssen und dass beim Fehlen einer ausreichenden Schulung mit zahlreichen Rückfragen in der Anfangszeit zu rechnen ist. Der wirtschaftliche Mehrwert des Konzepts wird kritisch hinterfragt, da zu Beginn zusätzliche neue Stellen geschaffen werden und Investitionen in Medizintechnik erfolgen. Zuletzt besteht die Befürchtung, dass der Dialog mit den zuweisenden Ärzten merklich eingeschränkt wird. Dieser wird allerdings als wichtiger Aspekt für eine gute Patientenbehandlung und eine Bindung der Zuweiser gesehen.

Auch im Pflegedienst bestehen diverse Befürchtungen. Eine Willensbarriere entsteht aus der Angst heraus, dass der eigene Arbeitsplatz gefährdet sein könnte, wenn das Integrierte Aufnahmemanagement seine angedachte Wirkung entfaltet. Denkbar sind die Schließungen ganzer Stationen oder die Einsparung von Stellen auf den Stationen, da Tätigkeiten künftig zentral erledigt werden. Sorge besteht ferner dahingehend, dass der Glaube daran fehlt, dass die bisher nach subjektiver Meinung der Stationen gut durchgeführte Planung von Maßnahmen und die Bettenbelegung genauso durch eine zentrale Einheit durchgeführt werden kann. Aus Sicht der Pflegekräfte könnte es zu einer Überbelegung der Stationen, unzufriedenen Patienten und Abstimmungsdefiziten mit der Zentraleinheit kommen. Besonders problematisch wird zudem das mögliche Kon-

5.2 Widerstand gegen Veränderung

fliktpotenzial mit den Ärzten gesehen. Einerseits erwartet das Zentrale Belegungsmanagement eine Aussage über anstehende Entlassungen, andererseits obliegt die Entlassungsentscheidung letztendlich jedoch dem behandelnden Arzt.

Der Change-Verantwortliche sollte darauf achten, dass eine realistische Projektplanung von Anfang an vorgenommen wird. Im Rahmen der Einführung sind vielfältige Maßnahmen zu ergreifen, um den Akzeptanzbarrieren entgegenwirken zu können. Ausgangspunkt ist die umfassende Kommunikation des Konzeptes im gesamten Krankenhaus. Alle Mitarbeiter müssen die Möglichkeit haben, sich an der inhaltlichen Ausgestaltung des Konzeptes aktiv zu beteiligen, sämtliche sachliche Gegenargumente sind anzuhören und ausführlich zu diskutieren. Der Angst vor einem Jobverlust kann durch eine Arbeitsplatzgarantie entgegengewirkt werden. Auch gegenüber Zuweisern sollte die Umstellung frühzeitig kommuniziert werden, um Anlaufschwierigkeiten und daraus resultierende Annahmeschwierigkeiten des neuen Konzepts zu vermeiden. So kann verhindert werden, dass beharrliche Kritiker des Systems Bestätigung erfahren und versuchen, weitere Verbündete gegen das Konzept zu gewinnen. Eine frühzeitige Schulung der Mitarbeiter kann durch Hospitationen in Kliniken erreicht werden, die bereits ein Integriertes Aufnahmemanagement eingeführt haben. Ebenso sollten die Beschäftigten, die in dem künftigen Bereich arbeiten, in den einzelnen Fachabteilungen einige Zeit präsent sein, um die Abteilung besser kennenzulernen. Schulungen der künftig im neuen Bereich tätigen Personen durch externe Stellen unterstützen ferner den Prozess einer erfolgreichen Einführung. Der Fortschritt der Implementierung sollte regelmäßig gegenüber den Mitarbeitern und insbesondere gegenüber den leitenden Ärzten (z. B. in der Chefarztrunde) kommuniziert werden. Nur so können möglicherweise auftretende Konflikte frühzeitig erkannt und einer Lösung zugeführt werden. Spezielle Qualitätszirkel könnten etwa gegründet werden, um sich mit den identifizierten Defiziten auseinanderzusetzen. Für Klarheit bei den Abläufen wird durch die schriftliche Niederlegung und regelmäßige Anpassung von Verfahrensanweisungen gesorgt. Regelmäßige Audits, die auch durch externe Experten durchgeführt werden, können helfen, Schwachstellen in den neuen Prozessen zu erkennen.

5.3 Phasen des Change-Prozesses

Um den Verlauf eines Change-Prozesses sichtbar zu machen, existieren zahlreiche Phasenmodelle. Das Drei-Phasen-Modell von Kurt Lewin (Lewin 1947, S. 34) ist dabei die Grundlage für die meisten Erklärungsansätze. Die Beachtung der Phasenmodelle hilft, die Möglichkeiten zur Steuerung von Veränderungsprozessen im Krankenhaus aufzuzeigen. Implementierungs- bzw. Umsetzungsmodelle konkretisieren die einzelnen Schritte im Veränderungsprozess, sodass daraus konkrete Aufgaben für die Führungskraft in den einzelnen Teilbereichen abgeleitet werden können. Am bekanntesten ist das Acht-Phasen-Modell nach Kotter (Kotter 1995, 59ff.). Der Fokus liegt bei dem Ansatz auf Blocker und Unterstützer des Prozesses, um daraus Führungsaufgaben in den Phasen des Wandels abzuleiten. Psychologische Modelle gehen auf die emotionalen Aspekte im Change-Prozess ein und ergänzen damit die Implementierungs- und Umsetzungsansätze. Das Verhalten der Beschäftigten findet so verstärkt Berücksichtigung, dies macht eine effizientere Vorgehensweise möglich. Die Führungskräfte werden auf diese Weise sensibilisiert, denn die Auseinandersetzung mit den emotionalen Reaktionen der Mitarbeiter gewährt die Möglichkeit, Gestaltungsmaßnahmen so zu entwickeln, damit Betroffene der Veränderung zu Beteiligten gemacht werden können. Ein hilfreicher Ansatz ist das 4-Zimmer-Modell nach Janssen (Janssen 1982, S. 1ff.).

5.3.1 Drei-Phasen-Modell

In jedem Krankenhaus gibt es Mitarbeiter, die aktiv einen Wandel vorantreiben wollen (driving forces), aber auch Kräfte, die dem Wandel entgegenwirken (restraining forces). Die beiden Gruppen befinden

5.3 Phasen des Change-Prozesses

sich vom Kräfteverhältnis zunächst in Balance, wodurch sich die Klinik in einem relativ stabilen Gleichgewicht befindet. Stabilität meint dabei nicht Starre, Euphorie ist im Haus genauso vorhanden wie Widerstände und Konflikte, die aber nur in einem solchen Maße vorhanden sind, dass das Gleichgewicht nicht gefährdet ist. Damit es zu Veränderungen kommt, müssen die treibenden Kräfte gestärkt werden, genau darin ist die Aufgabe des Change Managements zu sehen. Da alle fördernden aber auch hemmenden Kräfte von den Mitarbeitern ausgehen, ist es wichtig, die Beschäftigten von Anfang an am Wandel zu beteiligen. Sie müssen vom Wandel überzeugt werden, um selbst zur treibenden Kraft zu werden. Change-Prozesse verlaufen demnach in drei Schritten (▶ Abb. 5.7):

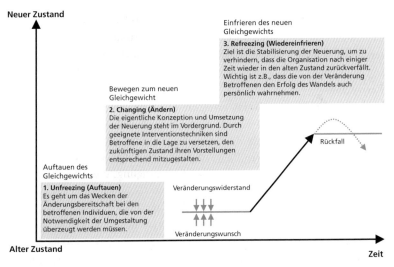

Abb. 5.7: 3-Phasen-Modell (in Anlehnung an Lewin 1947, S. 34)

Unfreezing
In dieser Phase muss das Kräftegleichgewicht zugunsten der antreibenden Kräfte verlagert werden, es geht darum, eine grundsätzliche Bereitschaft für Veränderung zu schaffen. Im Mittelpunkt steht eine offene Kommunikation, um transparent zu machen, warum eine Abkehr vom

bisherigen Vorgehen überhaupt nötig ist. Im besten Fall gelingt es, dass die Beschäftigten nicht nur für eine Veränderung bereit sind, sondern diese selbst aktiv vorantreiben wollen.

Changing
In der zweiten Phase kommt es zur Implementierung der Veränderungen. Das Effizienzniveau des Krankenhauses sinkt zunächst ab. Die Geschäftsleitung muss sich darüber im Klaren sein, dass dieser Leistungsabfall Teil des Veränderungsprozesses ist. Die Mitarbeiter müssen sich den neuen Gegebenheiten anpassen, eine gewisse Einarbeitungszeit ist erforderlich. In dieser Phase sind auch die letzten Widerständler zu überzeugen. Ist die Veränderungsbereitschaft nur gering ausgeprägt, kommt es zu großen emotionalen Reaktionen. Die Gefahr ist in diesem Teil des Prozesses besonders hoch, dass alte Verhaltensweisen weiter betrieben und für gut befunden werden. Wichtig ist, die diesem Verhalten zu Grunde liegenden Ursachen zu identifizieren, um mit gezielten Interventionen gegensteuern zu können.

Refreezing
In der dritten Phase soll das erreichte erhöhte Leistungsniveau stabilisiert und nachhaltig im Krankenhaus verankert werden. Mitarbeiter, aber auch Führungskräfte dürfen nicht in alte Muster und Arbeitsweisen zurückfallen. Letztendlich sind die Veränderungen erst stabil, wenn sie verinnerlicht wurden. Sobald sie Teil des Alltags sind und keine besondere Beachtung mehr verlangen, besteht keine Gefahr eines Rückfalls in die alten Zeiten mehr. Handelt es sich um den ersten Veränderungsprozess in der Klinik, muss den Beschäftigten aufgezeigt werden, dass das »Einfrieren« des neuen Zustands keinesfalls bedeutet, dass dieser dauerhaft fixiert ist. Ein dynamisches Umfeld, wie es für Krankenhäuser typischerweise vorliegt, macht es erforderlich, Vorgehensweisen ständig auf den Prüfstand zu stellen.

5.3.2 Acht-Phasen-Modell

Das Acht-Phasen-Modell von Kotter basiert auf den drei Phasen Unfreezing, Changing und Refreezing, sieht aber eine feinere Differenzierung in acht Stufen vor.

Gefühl der Dringlichkeit erzeugen
Bestehende Routine in einem Krankenhaus zu durchbrechen, ist wie auch in anderen Unternehmen eine große Herausforderung. Damit Wandel überhaupt gelingen kann, ist die Vermittlung des Sinns einer Veränderung von immenser Bedeutung. Bei den Beschäftigten muss ein Gefühl der Dringlichkeit erweckt werden, damit der Grund des Wandels bekannt und nachvollziehbar ist. Um dies zu erreichen, muss glaubhaft und transparent dargestellt werden, welche Risiken bestehen, wenn nicht gehandelt wird. Die Mitarbeiter müssen dafür sensibilisiert werden, dass ein Einlassen auf das Ungewisse weniger risikoreich ist als das Festhalten an gewohnten Vorgehensweisen. Es reicht jedoch nicht aus, sie nur auf rationaler Ebene zu überzeugen, die emotionale Sicht darf nicht außer Acht gelassen werden. Eine mitreißende Rede wirkt überzeugender als nur das sachliche Vorbringen von Argumenten. Das Zulassen von emotionalen Regungen und einer ersten Diskussion hilft, dass die Betroffenen sich »Luft« machen können und nicht durch Unterbindung bereits innerlicher Widerstand entsteht. Schlüsselpersonen in dieser Phase sind die jeweiligen Führungskräfte der Bereiche, die von dem Wandel betroffen sind.

Aufbau einer Führungskoalition
Im zweiten Schritt ist die Zusammenstellung einer starken Führungskoalition erforderlich, die die gesamten betroffenen Bereiche repräsentiert. Um effektiv agieren zu können, sollte dieses Team über ausreichend Machtbefugnisse, Glaubwürdigkeit, Sachkenntnis und Führungsqualitäten verfügen und gemeinsame Ziele innerhalb des Veränderungsprozesses verfolgen. Gegenseitiges Vertrauen der Teammitglieder untereinander ist ebenfalls ein entscheidender Erfolgsfaktor. Außerdem sollten in der Führungskoalition Personen vertreten sein, die erfolgskritische Gruppen repräsentieren. Mitarbeiter, die

dem Wandel kritisch gegenüberstehen, haben so die Sicherheit, dass ihre Sichtweise Berücksichtigung findet.

Vision des Wandels entwickeln
Ein künftiger Zustand wird in Form einer Vision durch die Führungskoalition, z. B. in Form eines Workshops entwickelt. Die Vision muss einerseits erstrebenswert sein, andererseits aber auch erreichbar. Die Vision dient als Entscheidungsgrundlage, sie soll die Mitarbeiter motivieren, in die richtige Richtung aktiv zu werden, selbst wenn die ersten Schritte dorthin beschwerlich sind, und sie soll helfen, die Handlungen der beteiligten Bereiche und Beschäftigten zu koordinieren.

Vision kommunizieren
Als nächstes wird die entwickelte Vision im gesamten Krankenhaus verbreitet, um die Akzeptanz zu gewinnen und das Engagement der Mitarbeiter zu fördern. Der Aufwand, der dafür erforderlich ist, wird häufig unterschätzt. Eine transparente und glaubwürdige Kommunikation ist ein wesentlicher Erfolgsfaktor. Für die Verbreitung der Botschaft sollten möglichst mehrere Kanäle genutzt werden, sodass sichergestellt werden kann, dass die Mitarbeiter die Kernbotschaften verinnerlichen können. Die Führungskoalition muss stets mit gutem Beispiel vorangehen und ihre Verhaltensweisen entsprechend der neuen Vision und Strategie anpassen. Dadurch kann mögliches Misstrauen abgebaut und die Motivation und Bereitschaft zur Beteiligung gefördert werden.

Empowerment der Mitarbeiter
Akzeptanz und Veränderungswille reichen alleine nicht aus, um Veränderungen erfolgreich vorzunehmen. Auch die innerbetrieblichen Strukturen und Systeme (Rahmenbedingungen) müssen den Anforderungen der neuen Vision und Strategie gerecht werden. Eine zentrale Rolle spielen Informationssysteme. Der Zugriff auf aktuelle Wettbewerbs- und Marktinformationen sowie ein reibungsloser abteilungsübergreifender Informationsaustausch sind Voraussetzung dafür, dass die Mitarbeiter bestmöglich arbeiten können.

In dieser Phase sollten zudem die Unterstützer des Prozesses ermutigt und gestärkt sowie der Einfluss der Blockierer minimiert werden (Belohnungs- und Sanktionsbereitschaft der Führung). Vertrauen und Glaubwürdigkeit können zudem geschaffen werden, indem nicht nur über erfolgreiche Teilprojekte, sondern auch über nicht optimale Vorgänge berichtet wird.

Kurzfristige Erfolgserlebnisse schaffen
Insbesondere bei länger andauernden Veränderungsprozessen besteht die Gefahr, dass diese bereits im Anfangsstadium an Fahrt verlieren. Um die Motivation und das Bewusstsein für Dringlichkeit aller Beteiligten aufrechtzuhalten, müssen kurzfristige Erfolge aufgezeigt werden. Beispiele sind die Verbesserung von Kennzahlen (z. B. Leerlaufzeiten im OP) oder positive Rückmeldungen von Patienten und Zuweisern. Kurzfristige positive Entwicklungen motivieren die Förderer des Prozesses, weiter voranzuschreiten und nehmen den Blockierern zumindest zum Teil den Wind aus den Segeln.

Erfolge konsolidieren und weitere Veränderungen einleiten
Kurzfristige Erfolge dürfen in keinem Fall dazu führen, mit dem Erreichten zufrieden zu sein und das Projekt als abgeschlossen zu betrachten. Es gilt vielmehr, die durch die kurzfristigen Erfolge geschaffene Glaubwürdigkeit gezielt zu nutzen, um weitere Veränderungen voranzutreiben. Die Führungskoalition muss sicherstellen, dass die Dringlichkeit der Veränderung und die Transparenz über das Vorgehen weiter aufrechterhalten werden.

Veränderungsbereitschaft in der Kultur verankern
Die neue Vorgehens- und Verhaltensweise muss in die Kultur des Krankenhauses verankert werden. Es besteht nach wie vor die Gefahr, dass es einen Rückfall in alte Muster gibt, sobald der Änderungsdruck abnimmt. Um Nachhaltigkeit zu bewirken, sollte regelmäßig kommuniziert werden, wie sich die Neuerungen auf die Leistungsfähigkeit der Klinik ausgewirkt haben (z. B. Verweildauerreduktion, Abnahme der Beschwerderate).

Letztendlich zeigen beide Ansätze, dass die Mitarbeiter Schritt für Schritt für den Veränderungsprozess zu gewinnen sind. Zu Beginn ist die Kenntnisnahme der Veränderung von Bedeutung, im weiteren Verlauf sollen die Beschäftigten die Veränderung verstehen, akzeptieren, sich schließlich auf das Ausprobieren einlassen und letztendlich das Neue als Routine in die Tätigkeit einfließen lassen (▶ Abb. 5.8).

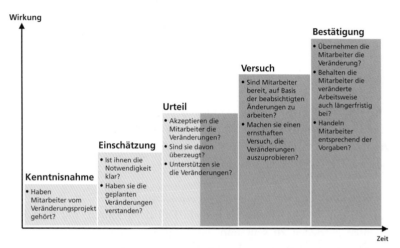

Abb. 5.8: Schrittweise Akzeptanzentwicklung für Veränderungen (in Anlehnung an Koch 2004, S. 138)

5.3.3 Vier-Zimmer-Modell

Das Vier-Zimmer-Modell unterteilt den Ablauf, wie Mitarbeiter mit Veränderungen umgehen, in vier Phasen ein und hebt die jeweiligen Befindlichkeiten der betroffenen Organisationsmitglieder in den einzelnen Phasen hervor (▶ Abb. 5.9).

5.3 Phasen des Change-Prozesses

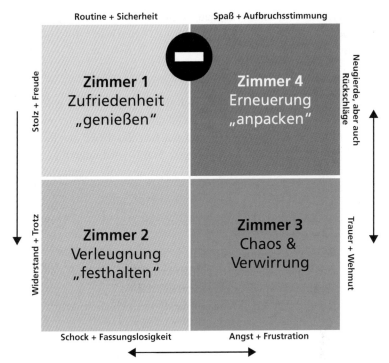

Abb. 5.9: Vier-Zimmer-Modell (in Anlehnung an http://human-change.de/component/content/article/35-rechte-spalte/54-das-4-zimmer-modell-oder-die-vier-phasen-von-veraenderungsprozessen.html, zuletzt abgerufen am 15.02.2016)

Die Abfolge der Phasen erfolgt in einer festen Reihenfolge, Phasen können demnach nicht übersprungen werden. Das Modell hilft Führungskräften auf die emotionale Seite eines Veränderungsprozesses besser vorbereitet zu sein, sodass sensibler mit Emotionen umgegangen werden kann. Führungskräfte sollten sich stets bewusst machen, in welchem Zimmer sich die einzelnen Beschäftigten aktuell befinden. Menschen erleben Veränderungen unterschiedlich schnell, da sie unterschiedlich betroffen sind und verschiedene Erfahrungen mit Veränderungen gemacht haben. Es ist wesentlich, jeden Mitarbeiter einzeln zu beobachten und einzuschätzen, welche Handlungsmöglichkeiten zur Mitnahme jeweils bestehen. Emotionen wie Verleugnung und Verneinung werden als normale Begleiterscheinungen in Change-Prozessen angesehen. Im Einzelnen durchlaufen die Mitarbeiter folgende vier Phasen:

Zimmer 1: Zufriedenheit
In der Ausgangssituation befindet sich die Organisation in einem Zustand relativer Zufriedenheit und Stabilität. Die Mitarbeiter möchten die gewohnte Situation erhalten und machen das Beste aus ihr, ohne sich selbst unter Druck zu setzen. Dieser Status wird ungern verlassen, es sei denn, sich ändernde Umstände bzw. Rahmenbedingungen lassen einem keine andere Wahl.

Typische Aussagen zu diesem Zeitpunkt sind:

- ... die da oben wollen es so
- ... dazu haben wir jetzt eigentlich keine Zeit
- ... wir sind doch wirtschaftlich erfolgreich
- ... den anderen Krankenhäusern geht es doch auch nicht anders

Kennzeichnend für das Verhalten innerhalb des Krankenhauses ist:

- Ignorieren, was im Marktgeschehen passiert
- Wenig Informationen über Konkurrenten
- Schwärmen über vergangene Erfolge
- Fokussierung auf Tagesgeschäft, ohne Blick auf die Zukuft

Zimmer 2: Verleugnung
Nun werden aufgrund sich ändernder Bedingungen neue, anspruchsvolle Anforderungen und Ziele durch die Geschäftsleitung formuliert. Soll-Ist-Zustände werden aufgezeigt und es wird erläutert, wohin sich die Organisation entwickeln könnte, wenn keine Veränderung vorgenommen wird. Bei einem Teil der Mitarbeiter löst dies Verunsicherung aus. Sie schätzen eine stabile Situation, versuchen den bisherigen Stand zu beschönigen oder versuchen das Thema der Veränderung zu verdrängen. Im Inneren empfinden die Beschäftigten jedoch Unbehagen und Unsicherheit. Nach außen werden dann oft Trotz und Widerstand sichtbar.

Lösungen und Perspektiven sollten aufgezeigt werden, welche zur Überwindung der Bedenken geeignet sind. Ferner ist den Mitarbeitern ausreichend Zeit zu gewähren, sich auf die für sie neue Lage einzustellen.

Typische Aussagen zu diesem Zeitpunkt sind:

- … wir haben es immer so gemacht
- … warum gerade in unseren Bereich?
- … wir sind unschuldig, Schuld sind andere
- … mit meinen Mitarbeitern geht das nicht

Kennzeichnend für das Verhalten innerhalb des Krankenhauses ist:

- Glorifizieren der Vergangenheit
- Verteidigung des bisherigen Status
- Vermehrtes gegeneinander arbeiten
- Schönfärben von Zahlen und Berichten

Zimmer 3: Verwirrung und Chaos
Die Betroffenen sind so weit, sich selber einzugestehen, dass sie frustriert sind und nicht mehr wissen, was sie tun sollen. Sie sind in der Phase der Verwirrung und des Chaos angekommen. Es herrschen große Sorge und Angst, denn es wird klar, dass es kein Zurück mehr in die Anfangssituation gibt. Die alten Regeln sind außer Kraft gesetzt und das Neue noch nicht erkennbar. In dieser Phase werden Menschen nur dann vorwärts gehen, wenn sie einerseits sicher sind, dass das Vergangene wirklich nicht weiterhilft und wenn es zumindest eine grobe Vorstellung von der Zukunft gibt. Die Menschen sind dann mehr und mehr bereit, sich langsam auf das Neue einzulassen.

Typische Aussagen zu diesem Zeitpunkt sind:

- … jeder erzählt hier etwas anderes
- … wie konnte so ein chaotischer Zustand überhaupt entstehen?
- … wir brauchen andere Managementkonzepte
- … ohne externe Unterstützung kommen wir nicht weiter

Kennzeichnend für das Verhalten innerhalb des Krankenhauses ist:

- Frustration
- Beschuldigung von Vorgesetzten und Kollegen
- Verunsicherung
- Orientierungslosigkeit

Zimmer 4: Erneuerung
Neue Vorgehensweisen werden umgesetzt und ausprobiert, sodass neue Erfahrungen gemacht werden und aus diesen gelernt werden kann. Langsam kehrt das Gefühl der Sicherheit, der Orientierung und der Handlungsfähigkeit wieder zurück. Umsetzungserfolge lassen die neue Situation als Herausforderung und nicht mehr als Bedrohung erscheinen. Schritt für Schritt tragen die Beschäftigten den neuen Zustand mit.

Typische Aussagen zu diesem Zeitpunkt sind:

- ... packen wir es an
- ... es läuft besser als erwartet
- ... jetzt haben wir es verstanden
- ... es war anstrengend, aber sinnvoll die Veränderung vorzunehmen

Kennzeichnend für das Verhalten innerhalb des Krankenhauses ist:

- Vertrauen in die Führung und die Kollegen
- Flexibilität und Kreativität bei der Arbeit
- Übernahme von Verantwortung
- Akzeptanz von Unsicherheit

Das Vier-Zimmer-Modell erleichtert die Identifikation und die Berücksichtigung der verschiedenen emotionalen Phasen, in denen sich Mitarbeiter gerade befinden. Dadurch ist es möglich, die Betroffenen gezielt in den Veränderungsprozess einzubeziehen, sie zu unterstützen und somit belastende Faktoren zu reduzieren. Als Ergebnis steigt die Akzeptanz für das Veränderungsvorhaben und damit auch die Erfolgsaussichten für eine nachhaltige Verfestigung des neuen Vorgehens.

5.4 Maßnahmen im Change-Management-Prozess

Um einen Change-Management-Prozess erfolgreich gestalten zu können, gibt es eine Vielzahl von Instrumenten. Diese können danach differenziert werden, ob an der Maßnahme alle Mitarbeiter, eine ausgewählte Anzahl an Beschäftigten oder nur ein Mitglied der Belegschaft teilnimmt.

Maßnahmen, an denen alle Mitarbeiter teilnehmen
Zu den Interventionen zählen alle Aktivitäten, an denen alle Beschäftigten auf einmal erreicht werden sollen. Ziel ist es, auf möglichst effiziente Weise einen hohen Durchdringungsgrad im ganzen Krankenhaus zu realisieren.

Maßnahmen, an denen ein Teil der Mitarbeiter teilnimmt
Zu den Gruppenmaßnahmen zählen die Maßnahmen, an denen mehrere Mitarbeiter teilnehmen (z. B. Gruppenarbeit). Außer zur Vermittlung von Wissen können diese Aktionen auch zur Teambildung und für Netzwerkprozesse genutzt werden.

Maßnahmen für einen einzelnen Mitarbeiter
Zu den individuellen Maßnahmen zählen die Aktivitäten, an denen nur ein einziger Mitarbeiter teilnimmt (z. B. individuelle Leistungsbeurteilung). Dadurch soll es gelingen, durch ein passgenaues Instrument festgelegte Ziele bei einem konkreten Beschäftigten zu erreichen.

Nicht alle Instrumente sind zu jedem Zeitpunkt des Change-Prozesses sinnvoll einsetzbar, da sie eine unterschiedliche Zielsetzung aufweisen. Ein Einsatz zu einem falschen Zeitpunkt kann bei einer an sich sinnvollen Maßnahme dazu führen, dass negative Konsequenzen entstehen. Nachfolgend werden ausgewählte Instrumente dargestellt.

5.4.1 Maßnahmen für die gesamte Belegschaft

Projektstrukturplan
Der Projektstrukturplan (PSP) ist das Ergebnis einer Gliederung des Change-Projekts in plan- und kontrollierbare Elemente. Er beinhaltet Aufgabenzuweisungen, Meilensteine, Ablaufpläne und Ressourcenplanungen. Die Erstellung eines Projektstrukturplans zu Beginn des Veränderungsprojekts dient der Effizienzsteigerung bei der Planung und Durchführung, da der gesamte Umfang des Wandels bereits in der Startphase transparent gemacht wird. Des Weiteren wird durch die Definition von planbaren und kontrollierbaren Arbeitspaketen eine Basis für das Projektcontrolling geschaffen. Zudem wird eine eindeutige Zuordnung von Arbeitspaketen an die beteiligten Mitarbeiter ermöglicht. Wesentliche Ziele sind daher:

- Klare Regelung von Verantwortlichkeiten
- Schaffen einer Grundlage zur Steuerung und Dokumentation des Change-Management-Prozesses
- Erleichterung der Bewertung möglicher Risiken während des Prozesses
- Basis zur Schätzung der voraussichtlichen Dauer der Veränderung und der damit verbundenen Kosten

Auch wenn Veränderungen systematisch planbar und lenkbar sind und daher ein PSP in der Anfangsphase eines Veränderungsprozesses dringend empfohlen wird, können Änderungen während der Laufzeit des Gesamtprozesses dadurch im Regelfall nicht vermieden werden.

Zudem kann er bei einem Teil der Mitarbeiter Unbehagen und Ablehnung auslösen, weil sie sich subjektiv in ihren Freiheiten eingeschränkt fühlen.

Externe Berater
Externe Berater sollen Erfahrungen aus anderen Unternehmen in den Change-Prozess einbringen. Zudem dienen sie teilweise dazu, Entscheidungen der Krankenhausleitung zu legitimieren. Führungskräfte sind im Regelfall gegenüber Beratern offener, sodass deren Einsatz zu positiven Wirkungen führen kann. Mitarbeiter, die dagegen niedrige Stabilitätswerte aufweisen (wie robust wird auf Veränderungen reagiert) und über ein hohes Maß an Disziplin verfügen (wie sorgfältig wird geplant und gearbeitet), reagieren zumindest am Anfang misstrauisch auf Berater. Diese Beschäftigten sind daher unbedingt in die Prozesse einzubinden, bei denen externe Unterstützung erfolgt.

Kurzmitteilung via Mail durch die Geschäftsleitung
Die Kurzmitteilung ist eine schriftliche, in der Regel via Mail versandte Information durch die Geschäftsleitung. Grundsätzlich gilt, dass Mitarbeiter auf eine gezielte und inhaltlich aussagekräftige Information positiv reagieren. Allerdings ist der Weg der Informationsgabe via Mail, also auf unpersönliche Art und Weise, zum Teil kritisch zu sehen. Eine Kurzmitteilung eignet sich daher nur als Vorbereitung einer umfassenderen Information und sollte nur dann angewandt werden, wenn hinreichend viele Mitarbeiter über einen Zugang zu einem PC verfügen. Dies ist im Krankenhaus oftmals nicht der Fall. Beschäftigte ohne Zugang werden oftmals negativ reagieren, da sie sich von der Informationsweitergabe ausgeschlossen fühlen. Zusammenfassend bedeutet dies, dass für eine Erstinformation, bei der die Sachinformation im Vordergrund steht, eine Kurzmitteilung gut geeignet ist.

Rede der Unternehmensleitung
Die Rede als mündliche Kommunikationsform ist meist an alle Mitarbeiter gerichtet. Sie dient der Darlegung der Strategie der Geschäftsleitung zur Bewältigung des Veränderungsprozesses. Die Rede ist ein wirksames Instrument, um auch weniger engagierte Mitarbeiter anzu-

sprechen. Wird die Rede nüchtern, sachorientiert und unpersönlich gehalten, kann damit allenfalls der Zweck einer Informationsweitergabe erreicht werden. Um Menschen persönlich in Bewegung zu bringen, bedarf es jedoch mehr. Die Geschäftsleitung muss für das Vorhaben mit voller Überzeugung eintreten. Dies gelingt nur mit einer emotionalen, mitreißenden Rede. Zudem sollte es nicht nur bei einer Rede belassen werden, es sollte auch die Möglichkeit zu Rückfragen und zu einer inhaltlichen Diskussion geben. Reden wirken vor allem bei Personen mit geringem Engagement und/oder geringer Stabilität. Zudem kann die Wirkung verstärkt werden, wenn die Beschäftigten bereits vorab durch eine kurze Mitteilung über den konkreten Anlass und den Inhalt der Rede unterrichtet wurden.

Schwarzes Brett
Nachrichten werden an einem oder mehreren Orten des Krankenhauses ausgehängt. Die Akzeptanz des Schwarzen Bretts hängt stark davon ab, welche Verankerung es in der Tradition des jeweiligen Krankenhauses hat. Uralte Aushänge oder wenig spannende Aushänge (z. B. Arbeitsschutzmaßnahmen) hemmen das Interesse am Schwarzen Brett. Aktuelle Informationen über Themen, die von allgemeinem Interesse sind und gut aufbereitet sind, können aber auch dazu führen, dass das Schwarze Brett regelmäßig Beachtung findet. Eine Informationsweitergabe via Schwarzes Brett wirkt – eine entsprechende Verankerung in der Krankenhauskultur vorausgesetzt – leicht positiv im Change-Management-Prozess. Zu berücksichtigen ist jedoch, dass das Schwarze Brett niemals als einziges Instrument zur Information genutzt werden kann, sondern nur als Ergänzung weiterer Aktivitäten. Zudem ist es sehr unpersönlich, was gerade in Veränderungsprozessen hinderlich sein kann.

Artikel in der hausinternen Zeitschrift
Einige Krankenhäuser verfügen zwischenzeitlich nicht mehr nur über eine Zeitschrift für Patienten, sondern auch über eine zusätzliche für Mitarbeiter. Mit Hilfe eines Artikels kann über sachliche Aspekte informiert werden, eine positive Emotionalisierung für ein Thema ist damit aber nur sehr schwer zu erreichen. Ein Artikel muss daher wie das

Schwarze Brett um weitere Instrumente auf der persönlichen Ebene ergänzt werden. Des Weiteren liest nicht jeder die Zeitschrift bzw. den Artikel, sodass oftmals nur ein Fünftel der Belegschaft erreicht werden kann.

Kick-off-Veranstaltung
Die Kick-off-Veranstaltung ist ein Treffen zum Zweck der Vorstellung des Veränderungsprozesses und zur Motivation der Beschäftigten. In der Praxis variiert der Zeitpunkt für die Durchführung. Ziele sind:

- Vermittlung der Ziele des Veränderungsprozesses
- Gewinnung von Unterstützung für das Vorgehen durch die Führungskräfte
- Motivation der Beschäftigten
- Information aller Mitarbeiter über den Zeitplan

Hilfreich ist es, wenn bereits vorab ein Projektstrukturplan erstellt wurde. Positive Wirkungen sind grundsätzlich bei allen Mitarbeitern zu erwarten, insbesondere wenn vorab bereits mündlich oder schriftlich über das Projekt informiert wurde. Besonders ausgeprägt sind diese bei Mitarbeitern mit geringer Stabilität.

Betriebsfest
Ein Betriebsfest ist eine Zusammenkunft, in der es in erster Linie darum geht, sich auf informellem Wege auszutauschen und Erreichtes zu feiern. Eine gemeinsame, durch das Krankenhaus finanzierte Feier stellt eine wichtige Rückmeldung an die Mitarbeiter dar. Positive Rückmeldung ist wiederum eine wesentliche Voraussetzung für Lernen. Werden Betriebsfeste jedoch ausgerichtet, obwohl Misserfolge vorherrschen, können diese sogar noch verstärkt werden. Betriebsfeste im Rahmen von Veränderungsprozessen sind daher nur dann sinnvoll, wenn definierte Ziele in ausreichendem Maße erreicht worden sind.

Fragebogen
Bei einem nicht-strukturierten Fragebogen ist lediglich die allgemeine Problemstellung vorgegeben. Hierzu kann ein freier Text formuliert

5 Change Management – Veränderungen erfolgreich gestalten

werden. Bei einem halb-strukturierten Fragebogen werden jedem Mitarbeiter dieselben Fragen gestellt, die allerdings offen beantwortet werden können. Bei einem strukturierten Fragebogen sind die Fragen und die Antwortmöglichkeiten vorgegeben.

Ein nicht-strukturierter Fragebogen wird eingesetzt, um am Anfang eines Veränderungsprozesses einen Eindruck davon zu bekommen, was die Mitarbeiter über den Veränderungsprozess denken. Dadurch, dass nur ein globales Thema vorgegeben wird und somit die Befragten völlig frei antworten können, ist die Erstellung denkbar einfach, die Auswertung allerdings schwer. Zudem ist es für einen Großteil der Mitarbeiter kompliziert, sich über anstehende Veränderungen konkret äußern zu können, da diese oftmals noch nicht mit Change-Prozessen konfrontiert waren. Daher ist ein nicht-strukturierter Fragebogen wenig hilfreich, um gezielt Informationen erheben zu können, was die Mitarbeiter bewegt.

Die halb-strukturierte Befragung sollte dann eingesetzt werden, wenn die Anzahl der befragten Personen überschaubar ist (< 30) und vor allem vorab klare Kategorien definiert worden sind, die abgefragt werden sollen. Ansonsten stellt diese Befragungsform einen Kompromiss dar zwischen der (zu) offenen nicht-strukturierten schriftlichen Befragung und der strukturierten schriftlichen Befragung. Im Regelfall wirken sich solche positiv auf die Mitarbeiter aus, geringere Wirkungen sind bei Beschäftigten zu erwarten, die niedrige Disziplinwerte aufweisen.

Die strukturierte schriftliche Befragung ist ein geeignetes Instrument, um am Anfang des Change-Prozesses möglichst viele Beschäftigte zu erreichen. Zudem ist er leicht auswertbar. Allerdings verlangt ein guter Fragebogen einen hohen Erstellungsaufwand. Die Fragen sollten einfach (für die Zielgruppe verständliche, kurze und einfache Formulierung), neutral (Vermeidung von suggestiven Formulierungen, ungleichgewichtigen Antwortvorgaben und Bindung von Antworten an Wertvorstellungen) und präzise (möglichst einheitliches Verständnis der Wortbedeutungen und hohes Messniveau, d. h. nicht nur ja/nein) gestellt werden. Durch strukturierte Befragungen sind die höchsten positiven Auswirkungen in der Anfangsphase von Veränderungsprozessen zu erreichen.

5.4 Maßnahmen im Change-Management-Prozess

Benchmarking
Das Benchmarking ist eine vergleichende Analyse mit einem festgelegten Referenzwert. In der Regel orientiert man sich an einem anderen Unternehmen, welches den anstehenden Change-Prozess bereits erfolgreich durchlaufen hat oder als dasjenige mit Best-Practice in dem zu betrachtenden Bereich gilt. Die in der Praxis bestmöglich bewährte Vorgehensweise soll identifiziert, verstanden und auf die eigene Situation anpasst und im Anschluss implementiert werden. Benchmarking wirkt auf Mitarbeiter je nach Typ anspornend oder frustrierend, überwiegend sind aber positive Effekte festzustellen. Entscheidend ist Art und Ausmaß der eigenen Leistungsmotivation. Personen, die Erfolge suchen, fühlen sich durch das Messen mit den Besten »beflügelt«, wohingegen Personen, die als Meider von Misserfolgen gelten, durch diese Vergleiche eher enttäuscht und frustriert werden.

Stellenbeschreibung
Vor der endgültigen Fixierung von Stellenbeschreibungen sollten die Mitarbeiter am Erstellungsprozess beteiligt werden. Die Inkraftsetzung erfolgt erst durch die Unterzeichnung durch den Stelleninhaber sowie seines Vorgesetzten.

Vorteile einer Stellenbeschreibung sind:

- Klar umrissener Handlungs- und Entscheidungsspielraum (Aufgaben, Kompetenzen und Verantwortlichkeiten)
- Vermeidung von Kompetenzkonflikten
- Möglichkeit zur präziseren Stellenausschreibung und Stellenbesetzung
- Grundlage für notwendige Personalentwicklungsmaßnahmen
- Leichtere Einarbeitung neuer Mitarbeiter

Nachteile der Stellenbeschreibung:

- Fixierung auf beschriebene Tätigkeiten
- Regelmäßige Überarbeitung und Aktualisierung ist notwendig
- Förderung von Überorganisation und Bereichsdenken

Eine Anwendung von Stellenbeschreibungen erfolgt vor allem bei Routineaufgaben und einer stabilen Unternehmensumwelt. Insofern ist die Einführung von Stellenbeschreibungen in den ersten Phasen eines Veränderungsprozesses nicht sinnvoll, lediglich gegen Ende des Vorgehens stellen sie ein brauchbares Instrument zur dauerhaften Sicherung des erreichten Zustands dar. Besonders negativ bei zu frühem Einsatz wirkt das Instrument bei den Führungskräften.

Unternehmenstheater
Interaktives Theater macht mit Hilfe einer lebendigen Bildersprache Haltungen und Emotionen im Krankenhaus sichtbar und lädt die Teilnehmer dazu ein, auf das Geschehen Einfluss zu nehmen. Die Teilnehmer dürfen die Szenen unterbrechen und die handelnden Figuren mit Unterstützung der Moderation zu ihren Verhaltensweisen oder Handlungsmotiven befragen. Die Zuschauer engagieren sich emotional, beziehen selbst Position und tauschen ihre Meinungen und Erfahrungen miteinander aus. Es kann die Bereitschaft entstehen, selbst Veränderungsvorschläge auszuarbeiten und so die Zukunft mit zu gestalten. Das Unternehmenstheater hilft den Beschäftigten und Führungskräften eines Krankenhauses, typische und konditionierte Muster zu erkennen. Bei Mitarbeitern, die nicht stark introvertiert sind und eine Bereitschaft zur Beteiligung aufweisen, können mit einem Unternehmenstheater stark positive Ergebnisse erreicht werden. Die Bereitschaft zur Veränderung und zum Einbringen in den Change-Prozess wird somit merklich gestärkt.

5.4.2 Maßnahmen, an denen ein Teil der Mitarbeiter teilnimmt

Brainwriting
Brainwriting wird am häufigsten nach der »Methode 6-3-5« praktiziert. Bei Anwendung der Methode 6-3-5 erhält jeder Teilnehmer ein großes Blatt Papier, welches in drei Spalten (vertikal) und sechs Reihen (horizontal) zu insgesamt 18 Kästchen aufgeteilt ist. Nun wird jeder der sechs Teilnehmer aufgefordert, im ersten Kästchen jeder Spalte eine Idee (insgesamt drei) zu einer spezifischen Frage zu verfassen. Je-

des Blatt wird nach angemessener Zeit je nach Schwierigkeitsgrad der Problemstellung etwa drei bis zehn Minuten weitergereicht. Der Nächste versucht anschließend, die bereits genannten Ideen aufzugreifen, zu ergänzen und weiterzuentwickeln. Nach jeder Runde sollte die zur Verfügung stehende Zeit steigen, da man die vorher entwickelten Ideen durchlesen und erfassen muss. Maximal entstehen am Ende 108 Ideen (6 Teilnehmer x 3 Ideen x 6 Reihen).

Durch Brainwriting gibt es keine Garantie, dass einfallsreiche Lösungen gefunden werden. Gegenüber dem Brainstorming (Ideenentwicklung durch verbalen Zuruf) besteht jedoch der Vorteil, dass auch rhetorisch weniger Begabte sich einbringen können. Wenn allerdings die Gefahr besteht, dass Personen nicht verständlich formulieren können (z. B. ausländische Mitarbeiter), ist von einer Einbeziehung dieser Mitarbeiter abzuraten. Die Methode wirkt bei allen Teilnehmern grundsätzlich positiv, etwas höhere Wirkungen sind bei Personen mit hohem Engagement zu erwarten.

Outdoor- und Indoor-Training
Unter einem Outdoor-Training sind herausfordernde Gruppen-Aktivitäten in der Natur zu verstehen, welche die Bereitschaft zum Verlassen der persönlichen Komfortzone erfordert. Ein Outdoor-Training soll durch die gemeinsame Lösung von Aufgaben in der Natur den Gruppenzusammenhalt stärken. Aufgaben können z. B. das Geführt-Werden mit Augenbinde bzw. ein Fall in die Tiefe sein, bei dem man durch die Gruppe aufgefangen wird. Insbesondere bei Personen mit geringer Team- und Kompromissbereitschaft können Outdoor-Trainings positive Effekte hervorrufen.

Anders als beim Outdoor-Training konzentriert man sich beim Indoor-Training auf Übungen in einem Trainingsraum. Beispiele sind der gemeinsame Bau eines Spielturms oder Planung einer Umgehungsstraße um einen fiktiven Ort. Indoor-Trainings sind kostengünstiger als Outdoor-Trainings. Sie wirken positiv auf Personen mit einer geringen Kooperationsfähigkeit.

Soziogramm
Das Soziogramm dient der Abbildung der Beziehungsstruktur innerhalb einer Gruppe. Es wird grafisch dargestellt, wer mit wem (nicht)

harmoniert. So werden wichtige Unterschiede zwischen offiziellen und inoffiziellen Gruppenstrukturen transparent gemacht. Insbesondere für die Einleitung von Veränderungsprozessen sind Soziogramme hilfreich. Voraussetzung ist ein echtes Interesse der Gruppe an der Durchführung sowie ihre aktive Beteiligung. Je größer die Gruppe ist, desto größer ist auch der zeitliche Aufwand. Er lohnt sich allerdings, wenn die Gruppe bereit und in der Lage ist, das Ergebnis zu verarbeiten und entsprechende Veränderungen einzuleiten. Negative Wirkungen sind bei Personen mit geringem Engagement zu erwarten, besonders positive bei Mitarbeitern mit hoher Sozialkompetenz.

Kamingespräch

Ein Kamingespräch ist eine Zusammenkunft in ungezwungener Atmosphäre über verschiedene Hierarchiestufen hinweg. Kamingespräche finden meist am Abend statt. Sie können dazu beitragen, dass ein Wir-Gefühl entsteht oder verstärkt wird und Hierarchien zumindest während des Gesprächs verschwinden. Insbesondere bei engagierten Mitarbeitern sind positive Effekte zu erwarten, während bei wenig engagierten Beschäftigten sogar negative Auswirkungen entstehen können.

Runder Tisch

Ein Runder Tisch wird eingesetzt zur Klärung abweichender Interessen oder zur Bewältigung von Krisen, in der Vertreter verschiedener Bereiche gleichberechtigt, d. h. ohne Hierarchiestufen einen von allen Seiten anerkannten Kompromiss finden wollen. Der Runde Tisch wird von den meisten Teilnehmern als positiv eingestuft, insbesondere dann, wenn der Beschäftigte keine sehr dominante Persönlichkeit hat. Negative Effekte können bei wenig engagierten Mitarbeitern entstehen. Ein Runder Tisch muss gut vorbereitet werden, ansonsten sind kaum Effekte damit erreichbar. Die Geschäftsleitung lädt zu einem definierten Termin und Thema alle interessierten Mitarbeiter zum Austausch ein. Die Mitarbeiter werden gebeten, anonym oder unter Nennung ihres Namens, vorab ihre Fragen, Sorgen und Ängste einzureichen. In der Regel wird dafür ein Ansprechpartner benannt, der vor der Durchführung die Mitteilungen der Mitarbeiter in Themengruppen ordnet. Für anonyme Mitteilungen kann zum Beispiel ein Briefkasten aufgestellt werden. Nach der Beantwortung der vorab geäußerten Fragen durch die Geschäftsführung sollte ausreichend Zeit für eine breite Diskussion bestehen.

Moderation und Mediation
Moderation und Mediation sind Techniken, mit denen versucht wird, Konflikte beizulegen. Um das jeweils angemessene Verfahren auswählen zu können, ist es wichtig zu wissen, wie weit ein Konflikt schon fortgeschritten ist. Konflikte eskalieren insgesamt in neun Stufen, die sich drei Ebenen zuordnen lassen (Glasl 2004, S. 236f.). In einer ersten Ebene befindet sich der Konflikt noch auf einer Sachebene, sodass eine Einigung oftmals mit Hilfe einer Moderation noch möglich ist. Hierzu zählen drei Stufen:

Stufe 1: Verhärtung
Ein Konflikt beginnt immer mit Spannungen, es gibt verschiedene Meinungen, die einander auf den ersten Blick widersprechen. Auf dieser Stufe geht es noch allein um die Sache. Die Meinungsverschiedenheiten werden zumeist nicht als Start eines sich anbahnenden Konflikts gesehen.

Stufe 2: Debatte
Die Konfliktparteien beginnen, sich intensiver damit zu beschäftigen, wie sie das Gegenüber von ihrem Standpunkt überzeugen können. Bereits zu diesem Zeitpunkt kann Streit entstehen und ein Schwarz-Weiß-Denken einsetzen. Es wird die Meinung vertreten, dass man selber auf jeden Fall Recht hat und der Andere dies doch nun endlich einzusehen hat.

Stufe 3: Taten statt Worte
Es kommt zu einer Verschärfung des Konflikts. Gespräche werden abgebrochen oder eine Kommunikation wird gänzlich vermieden. Es wird nach Strategien gesucht, wie man die Gegenseite dazu bringen könnte, ihr Unrecht einzusehen.

Moderation ist eine Methode zur gemeinsamen Arbeit in Gruppen. Das zentrale Ziel ist es, alle in der Gruppe an der Diskussion zu beteiligen. Als Moderator muss eine unabhängige Person gewählt werden, die die gängigen Moderationsmethoden beherrscht. Moderation zielt darauf ab, die Kreativität der Teilnehmer zu fördern, ihre Ideen dem jeweiligen Kreis zugänglich zu machen und schließlich zu Ergebnissen und Entscheidungen zu gelangen, die von der Gruppe mitgetragen und mitunterstützt werden. Dabei ist es entscheidend, die Teilnehmer zu beteiligen, ihnen Raum für die Artikulation ihrer Meinungen, Ideen, Vorbehalte zu schaffen und die unterschiedlichen Perspektiven der Beteiligten zu würdigen. Die Konfliktmoderation ist eine besondere Variante, die sich dann eignet, wenn es nur zu einer Verhärtung bzw. Debatte zwischen den Konfliktparteien gekommen ist. Nicht geeignet ist eine Moderation bei mittelstarken bis starken Konflikten. Die Moderation versucht, eine Lösung zu finden, bei der alle Parteien ihr Gesicht wahren können und es möglichst keine Verlierer gibt.

In einer zweiten Ebene ist der Konflikt bereits auf die Beziehungsebene gerutscht. Moderation reicht nun nicht mehr aus, Mediation kann dennoch zu einer Deeskalation beitragen. Auch diese Phase besteht wiederum aus drei Stufen:

Stufe 4: Koalitionen
Es wird systematisch versucht, andere Menschen für die eigene Position zu gewinnen und gegen den Konfliktpartner aufzubringen.

Stufe 5: Gesichtsverlust
Ziel ist es, die gegnerische Partei zu vernichten, selbst vor Verleumdungen wird nicht mehr zurückgeschreckt.

Stufe 6: Bedrohungsstrategien
Um die eigene Macht zu demonstrieren und scheinbar Kontrolle über die Situation zu behalten, droht man dem Anderen und stellt oftmals überzogene Forderungen.

5.4 Maßnahmen im Change-Management-Prozess

Unter Mediation ist ein strukturiertes, freiwilliges Verfahren zur konstruktiven Beilegung eines Konfliktes unter Beteiligung eines unabhängigen Dritten zu verstehen. Dieser soll die Konfliktparteien darin begleiten, gemeinsam eine tragfähige Vereinbarung zu finden. Der Allparteiliche trifft keine eigenen Entscheidungen bezüglich des Konflikts, sondern ist lediglich für die Steuerung des Ablaufs verantwortlich. Ob und in welcher Form ein Mediator selbst überhaupt inhaltliche Lösungsvorschläge macht, ist von der konkreten Situation abhängig. Eine Mediation kann zu stark positiven Effekten führen, wenn die Konfliktparteien sich aufeinander zubewegen. Im schlimmsten Fall kann die Situation aber auch zusätzlich eskalieren, sodass ein Machteingriff durch eine Führungskraft notwendig ist.

In der dritten Phase eines Konflikts kann Moderation allenfalls noch in der Stufe 7 weiterhelfen. Danach braucht es auf jeden Fall eine Entscheidung durch einen Machteingriff. Beispiele sind das Schiedsverfahren, Gerichte oder auch die Führungskraft selbst, z .B. dadurch, dass durch Entlassung einer oder beider Streitparteien der Konflikt beendet wird. Folgende drei Stufen charakterisieren die dritte Phase der Konflikteskalation:

Stufe 7: Begrenzte Vernichtung
Ziel ist es, dem Gegenüber möglichst zu schaden. Selbst eigenes Leid wird begrenzt hingenommen, solange durch Aktionen der gegnerischen Partei Probleme bereitet werden können.

Stufe 8: Zersplitterung
Jetzt will man den Gegner nicht mehr nur Schaden zufügen, sondern ihn zerstören. Beispiele sind verschärfter Psychoterror nicht nur am Arbeitsplatz, sondern teilweise auch im Privatleben der anderen Konfliktpartei.

Stufe 9: Gemeinsam in den Abgrund
Um den Gegner vernichten zu können, wird der eigene Untergang mit hingenommen. Teilweise werden sogar eigene Gefängnisstrafen in Kauf genommen, solange der Andere ebenfalls vernichtet wird.

Open Space
Open Space ist eine Methode, die eingesetzt werden kann, wenn zu einem bestehenden Problem noch keine Lösungen gefunden werden konnten. Die Methode ermöglicht die Arbeit mit Klein- bis Großgruppen, sodass teilweise mehrere hundert Mitarbeiter gleichzeitig beteiligt werden können. Charakteristisch ist die inhaltliche Offenheit, die Teilnehmer geben eigene Themen ins Plenum und gestalten dazu je eine Arbeitsgruppe. In dieser werden mögliche Lösungsansätze erarbeitet. Die Ergebnisse werden am Schluss gesammelt. Open Space beruht auf den Prinzipien der Selbstorganisation und Selbstbestimmung der teilnehmenden Personen und dem Grundsatz der Abkehr von Kontrolle. Ziel ist es, den Einfluss und die Mitwirkungsmöglichkeiten der Teilnehmer zu maximieren. Im Gegensatz zu traditionellen Sitzungen gibt es im Open Space kein im Voraus geplantes Programm, also keinen definierten Ablauf. Dieser wird von den Teilnehmern zu Beginn der Veranstaltung selbst gestaltet, es ist lediglich ein Leitthema vorgegeben. Open Space dient methodisch zur Problemlösung, es wird jedoch keine Strategie für die Lösung eines bestehenden Problems im Voraus festgelegt. Open Space wird insbesondere bei komplexen und drängenden Problemen eingesetzt, sodass es gut zur schnellen und kreativen Gestaltung von Veränderungsprozessen geeignet ist. Die Dauer kann von einigen Stunden (z. B. regelmäßige Abteilungsbesprechungen) bis hin zu mehreren Tagen reichen (z. B. Konferenz zur Einleitung von Veränderungen im Krankenhaus). Die Methode wirkt grundsätzlich positiv auf alle Mitarbeiter, die eine Bereitschaft zur aktiven Mitarbeit aufweisen.

Mitarbeiterzirkel
Mitarbeiterzirkel sind in der Regel befristete Zusammenkünfte von Mitarbeitern der ausführenden Ebene. Es nehmen ca. vier bis acht Beschäftigte teil. Diskutiert wird zusammen mit einem neutralen Moderator in zumeist fünf bis zehn Einzelsitzungen von ca. jeweils zwei Stunden Dauer, durch welche Maßnahmen die Arbeitsbedingungen im Krankenhaus verbessert werden könnten. Beispielhafte Themenbereiche sind Qualität, Sicherheit, Gesundheit, Arbeitszeit oder Arbeitsorganisation. Bei einer freiwilligen Teilnahme wirken diese Zusammen-

künfte stark motivationssteigernd. Die Ergebnisse der Zirkelarbeit werden nach den Sitzungen den Führungskräften präsentiert, die letztendlich über die Umsetzung der Vorschläge entscheiden.

Planspiele
Planspiele sind eine Methode zur Simulation komplexer realer Systeme. Planspiele werden häufig zu Lernzwecken eingesetzt. Beispiele sind das Unternehmensplanspiel in der Managementausbildung oder das Führungsplanspiel zum Training von Führungskompetenzen. Der Einsatz von Planspielen soll den Teilnehmern die Möglichkeit geben, gefahrlos die eigenen Vorstellungen über das Funktionieren des Unternehmens zu testen. Die Simulationsergebnisse sind dann Grundlage dafür, die eigenen Entscheidungen und Vorgehensweisen zu reflektieren. Durch Wiederholung der Spielphasen und Veränderung von Rahmendaten können neu gelernte Zusammenhänge und Erkenntnisse angewendet werden. Planspiele sind vor allem bei engagierten Mitarbeitern, die bereit sind, mit anderen zu kooperieren und sich auszutauschen, ein sinnvolles Mittel zur Erprobung von Entscheidungen und Vorgehensweisen.

Führungskräftetraining
In den Trainings soll bei den beteiligten Führungskräften die notwendigen Eigenschaften aufgebaut und verstärkt werden, um den Veränderungsprozess positiv steuern zu können. Kompetentes Führen erfordert den Einsatz von Führungsstrategien und -techniken, reflektierte Menschenkenntnis und ein daraus abgeleitetes glaubwürdiges und engagiertes Handeln. Führungskräfte werden hinsichtlich der Wirkung des eigenen Verhaltens sensibilisiert und können in einer Simulation z. B. verschiedene Führungsinstrumente ausprobieren.

Interviews
Bei einem nicht-strukturierten Interview ist lediglich das Rahmenthema vorgegeben. Art und Reihenfolge der Fragen variieren in der Regel von Interviewpartner zu Interviewpartner, was die Vergleichbarkeit von Aussagen erschwert. Die Vorteile des nicht-strukturierten Interviews liegen in dem geringen Erstellungsaufwand und dem sehr flexi-

blen Eingehen auf die Befragten. Diesen Vorteilen steht aber der immense Nachteil gegenüber, dass die Daten kaum systematisch auswertbar sind.

Bei einem halb-strukturierten Interview sind nur die Fragen genau vorgegeben, nicht aber die Antwortmöglichkeiten. Das halb-strukturierte Interview stellt somit einen Kompromiss hinsichtlich der Vergleichbarkeit der Antworten einerseits und einer natürlichen Gesprächssituation andererseits dar. Bei einem halb-strukturierten Interview fühlt sich der Befragte in der Regel nicht zu bestimmten Antworten gedrängt, sondern kann die Art und den Umfang seiner Antwort frei bestimmen. Allerdings besteht auch hier das Auswertungsproblem, welches jedoch durch eine gezielte Konstruktion des Interview-Leitfadens reduziert werden kann.

Bei einem strukturierten Interview sind nicht nur die Fragen genau vorgegeben, sondern auch die Antwortmöglichkeiten. Ein großer Vorteil des strukturierten Interviews ist seine Auswertbarkeit. Allerdings wird durch das strukturierte Interview häufig eine künstliche Situation erzeugt, die Besonderheiten der direkten zwischenmenschlichen Kommunikation wie die Möglichkeit zu Erläuterungen oder das Eingehen auf den jeweiligen Interviewpartner nicht nutzt.

Für Change-Management-Prozesse empfiehlt es sich, im Regelfall auf halb-strukturierte Interviews zurückzugreifen. Werden diese gut vorbereitet, ist eine aussagekräftige Auswertung fast wie bei strukturierten Interviews möglich. Im Gegensatz zu strukturierten Interviews kann jedoch auf den Befragten besser eingegangen werden.

5.4.3 Individuelle Maßnahmen

E-Learning
Unter E-Learning werden alle Formen von Lernen verstanden, bei denen elektronische oder digitale Medien für die Präsentation und Verteilung von Lernmaterialien oder zur Unterstützung der Kommunikation zwischen Menschen zum Einsatz kommen. Ein E-Learning-Kurs stellt jederzeit und überall Lehrinhalte zur Verfügung. Voraussetzung der Nutzung ist ein PC und teilweise ein Internetzugang. Für Verände-

rungsprozesse können E-Learning-Kurse unter gewissen Umständen eingesetzt werden, wenn es um die Vermittlung von Fachwissen geht, nicht aber zur Vorbereitung auf eine neue Rolle im Rahmen einer Umorganisation. Die Lernenden sind räumlich und zeitlich unabhängig. Die Vermittlung von Lernstoffen kann also unabhängig von der persönlichen Anwesenheit geschehen. Ein Einsatz setzt jedoch eine gewisse Medienaffinität voraus.

Leistungsbeurteilung
Der Vorgesetzte gibt im Rahmen einer Leistungsbeurteilung eine Rückmeldung in Form eines formalisierten Gesprächs, das Arbeitssituationen und Leistungen der Vergangenheit reflektiert. Oft werden auf dieser Basis Ziele für die Zukunft abgeleitet und vereinbart. Sie ist ein besonders sensibler Bereich, da die fachliche und persönliche Beurteilung des Mitarbeiters sowohl zu Leistungssteigerung und Freude an der Arbeit, als auch zu Demotivation bis hin zur inneren Kündigung führen kann. In der Regel wird die Leistungsbeurteilung durch den direkten Vorgesetzten durchgeführt. Kern der Leistungsbeurteilung ist ein Katalog von Merkmalen, der die erbrachte Leistung anhand verschiedener Kriterien darstellt wie z. B.:

- Arbeitsqualität (z. B. Sorgfalt, Genauigkeit)
- Arbeitsquantität (z. B. Menge oder Umfang der geleisteten Arbeit)
- Selbstständigkeit bei Arbeitsplanung und -ausführung
- Teamfähigkeit und Arbeitseinsatz

Leistungsbeurteilungen wirken bei Führungskräften und Mitarbeitern mit guten Resultaten positiv, bei Beschäftigten, bei denen es Anlass zur Kritik gibt, können negative Wirkungen nicht ausgeschlossen werden.

Coaching
Coaching will Verantwortung und Selbstreflexionsvermögen fördern. Die vorhandenen Fähigkeiten und Kenntnisse des Mitarbeiters sind die Basis, um gezielt eine Weiterentwicklung voranzutreiben. Ziel eines Coaching-Prozesses ist es, die Wahrnehmung, das Erleben und das

Verhalten des Beschäftigten zu verbessern und seine Handlungsoptionen zu erweitern. Coaching kann helfen, wenn berufliche Probleme akut sind und nicht alleine gelöst werden können. Der Coach fungiert als diskreter Berater und gibt begründet und ungeschönt Feedback. In dieser Weise ist dies von den anderen Beschäftigten oftmals nicht zu erwarten. Führungsprobleme und eingefahrene Verhaltensweisen können so reduziert werden. Seminare bieten in vielen Fällen keine echte Alternative zum Coaching, da diese in Gruppen stattfinden, weshalb eine individuelle Beratung kaum möglich ist. Coaching wirkt insbesondere bei Führungskräften sehr gut, allerdings nur, wenn diese freiwillig bereit sind, daran teilzunehmen. Ein zwangsverordnetes Coaching verschlechtert die Situation oftmals weiter.

360-Grad-Feedback
Ein 360-Grad-Feedback geht über eine normale Beurteilung hinaus, Es verbleibt nicht nur bei einer Beurteilung durch den direkten Vorgesetzten, sondern es wird eine vollständige Einschätzung von allen Seiten (360-Grad-Sichtweise) angestrebt. Dies wird erreicht, indem anhand eines Fragebogens das gesamte unmittelbare Arbeitsumfeld des Mitarbeiters befragt wird. 360-Grad-Feedbacks werden im Regelfall für Führungskräfte eingesetzt. Das Feedback kommt also nicht nur von einer zentralen Person, sondern erhält durch die Vielzahl der Beteiligten eine größere Objektivität. Typische Personen, die in ein 360-Grad-Feedback einbezogen werden, sind der Vorgesetzte (z. B. Ärztlicher Direktor), die Mitarbeiter (z. B. Stationsärzte), Kollegen auf der hierarchisch gleichen Ebene (z. B. andere Chefärzte) sowie Kunden (z. B. Zuweiser). Dem Fremdbild der Beurteilung wird eine Selbsteinschätzung gegenübergestellt. Das 360-Grad-Feedback soll so dazu beitragen, den »blinden Fleck« in der Selbstwahrnehmung zu reduzieren (»Was sehen andere bei mir, was ich nicht sehe?«). Die Ergebnisse werden den Feedback-Empfängern mit dem Ziel übermittelt, Schwachstellen in der Zusammenarbeit zu erkennen, die eigene Weiterentwicklung differenziert voranzutreiben und Arbeitsprozesse zu optimieren. Ein gelungenes 360-Grad-Feedback eignet sich daher, um die Führungsqualitäten zu verbessern und bisher ungenutzte Potenziale zu erschließen. Trotz anonymer Befragung ist es möglich, dass der Mut fehlt, ehrliche Ant-

worten zu geben. Insbesondere bei den hierarchisch untergeordneten Mitarbeitern kann dies der Fall sein. Es besteht daher die Gefahr, dass ein zu gutes, nicht der Realität entsprechendes Fremdbild entsteht. Selbst wenn das 360-Grad-Feedback erfolgreich durchgeführt wurde, kann es passieren, dass im Anschluss kaum eine Veränderung spürbar ist. Dies liegt meist daran, dass die Mitarbeiter das Feedback nicht annehmen oder keine konkreten Folgemaßnahmen aus den Ergebnissen abgeleitet wurden. Das 360-Grad-Feedback läuft grundsätzlich in fünf Phasen ab. Zunächst wird umfassend über das Ziel und den Ablauf informiert und insbesondere auf die Themen Datenschutz und Datensicherheit eingegangen. Im Anschluss erfolgt die Konzeption des Fragebogens. Es muss darauf geachtet werden, dass präzise Fragen zu konkret beobachtbarem Verhalten am Arbeitsplatz gestellt werden. Die dritte Phase ist die konkrete Durchführung der Befragung. Es folgt die Auswertung sowie die Rückmeldung an den Mitarbeiter, für den das 360-Grad-Feedback durchgeführt wurde. Der fünfte und entscheidende Schritt ist die Ableitung von Maßnahmen. Individuelle Maßnahmen unterstützen den Mitarbeiter dabei, die aufgezeigten Verbesserungspotenziale zu nutzen und signalisieren den Feedbackgebern, dass ihre Teilnahme wichtig und hilfreich war.

Potenzialanalyse
Eine Potenzialanalyse bezeichnet die strukturierte Untersuchung des Vorhandenseins bestimmter Fähigkeiten eines Mitarbeiters. Man unterscheidet folgende Bereiche:

- Methodenkompetenz: Fähigkeit, betriebliche Zusammenhänge mit bewährten Methoden erfassen, Defizite erkennen und geeignete Lösungsvorschläge erarbeiten zu können
- Sozialkompetenz: Fähigkeit, mit anderen Menschen effektiv zusammenzuarbeiten
- Fachkompetenz: Fähigkeit zu lösungsorientiertem Einsatz erlernten Wissens (z. B. medizinisch-technische Anwendungen)
- Reflexionskompetenz: Fähigkeit, das eigene Handeln in unterschiedlichen Situationen kritisch zu analysieren und zu bewerten

- Veränderungskompetenz: Fähigkeit zu flexibler Reaktion bei Veränderungen und Bereitschaft zu kontinuierlichem Lernen

Aus den erfassten Merkmalen kann ein Potenzialprofil erstellt werden, welches im Anschluss den betrieblichen Anforderungen gegenübergestellt wird. Festgestellte Schwächen des Mitarbeiters können so gezielt abgebaut und die Stärken gefördert werden. Das Eignungsprofil des Mitarbeiters sollte möglichst dem Anforderungsprofil der Stelle entsprechen. Zudem eignet sich eine Potenzialanalyse zur Vermeidung einer Unter- oder Überforderung, die zu Demotivation führen kann. Potenzialanalysen wirken im Regelfall positiv, allerdings nicht bei wenig stabilen Mitarbeitern, wenn diese eine negative Rückmeldung erhalten.

6 Healthy Leadership – Krankenhäuser gesundheitsbewusst führen

6.1 Bedeutung des Faktors Gesundheit

Krankenhäuser sollten sich sowohl um die Gesundheit ihrer Patienten kümmern als auch das Wohlbefinden ihrer Mitarbeiter im Blick haben. Gesunde Mitarbeiter sind ein zentraler Wettbewerbsfaktor für Kliniken. Hohe Ausfallzeiten oder sinkende Produktivität wegen gesundheitlicher Einschränkungen können zu einer enormen finanziellen Herausforderung führen. Neben der Lohnfortzahlung für bis zu sechs Wochen (§ 3 Abs. 1 EntgFG) entstehen möglicherweise weitere Belastungen durch Überstunden oder die Beschäftigung von Leiharbeitern. Ebenso fallen organisatorische Aufwendungen durch das Umschreiben von Dienstplänen oder das Einarbeiten von Aushilfspersonal an. Überstunden sind eine Belastung für das vorhandene Personal, wodurch wiederum die Gefahr eines krankheitsbedingten Ausfalls dieser Mitarbeiter wegen Überlastung ansteigt. Sowohl die Mitarbeiter als auch die Krankenhäuser haben daher ein gemeinsames Interesse an dem Erhalt der Gesundheit.

Mitarbeiter sollen durch ein gutes Management eine gesundheitsfördernde Arbeitsumgebung vorfinden, in der die Gefahr von Berufskrankheiten minimiert, Stressfaktoren abgebaut und Hilfestellung für eine gesunde Lebensführung gegeben werden. Der Krankenstand drückt aus, wie hoch der Anteil der Beschäftigten ist, die an einem Kalendertag im Durchschnitt arbeitsunfähig erkrankt sind (DAK-Gesundheit 2014, S. 3). Die meisten Ausfalltage wurden durch Muskel- und Skeletterkrankungen (21,5 %) verursacht, gefolgt von Erkrankungen des Atmungssystems (17,3 %) und psychischen Erkrankungen mit

14,6 % (DAK-Gesundheit 2014, S. 20). Aufgrund des im Vergleich zur Vergangenheit zunehmenden Anstiegs der psychischen Erkrankungen liegt es nahe, dass sich in Anbetracht dieser Umstände Krankenhäuser zukünftig verstärkt mit dem Thema der psychischen Gesundheit ihrer Mitarbeiter auseinandersetzen müssen.

Eine häufig genutzte Kennzahl, um Aussagen über den Gesundheitszustand der Beschäftigten zu erhalten, sind Fehlzeiten, in denen erkennbar ist, wie viele Tage die Mitarbeiter aufgrund Krankheit nicht zur Arbeit erscheinen konnten (sogenannter Absentismus). Ein niedriger Krankenstand muss jedoch nicht zwangsläufig heißen, dass die Belegschaft gesund und leistungsfähig ist. Es ist zu beobachten, dass zunehmend Beschäftigte trotz Krankheit zur Arbeit gehen. Dies bezeichnet man als Präsentismus. Gründe hierfür liegen in der Angst vor Arbeitsplatzverlust und erhöhtem Leistungsdruck, die zur psychischen Belastung für die Mitarbeiter werden. Auch Rücksicht auf Kollegen, auf die gegebenenfalls die eigene Tätigkeit übertragen werden müsste, oder auch das Pflichtgefühl gegenüber dem Arbeitgeber veranlassen Mitarbeiter dazu, erkrankt am Arbeitsplatz zu erscheinen. Präsentismus ist schwer zu messen, ob ein Mitarbeiter Rückenschmerzen oder Kopfschmerzen hat, lässt sich nicht immer gleich auf den ersten Blick erkennen. Doch die Folgen sind oftmals gravierend; zunächst mindert sich die Leistung der Beschäftigten kurzfristig. So kann in Folge einer niedrigeren Konzentrationsfähigkeit schnell aus Unachtsamkeit ein Fehler entstehen, durch den möglicherweise ein Patienten Schaden nimmt. Produktivitätsstandards (z. B. Anzahl an zu pflegenden Patienten) können nicht mehr eingehalten werden. Neben diesen kurzfristigen Auswirkungen besteht die Gefahr, dass aus dem Verschleppen einer Krankheit ein chronisches Leiden entsteht, welches zu längeren Fehlzeiten führt. Die Folgen von Präsentismus sind teilweise weitaus größer als wenn der Mitarbeiter sich gleich krankschreiben hätte lassen. Besonders problematisch sind psychische Leiden. Diese werden häufig erst zu spät diagnostiziert und behandelt. Solange noch keine eindeutigen körperlichen Anzeichen vorhanden sind, gehen die Betroffenen noch über einen langen Zeitraum hinweg, trotz eingeschränkter Leistungsfähigkeit weiter ihrer Tätigkeit nach, ohne von einer Krankschreibung Gebrauch zu machen. Es drohen Zusammenbrüche, schwere Depressionen oder chronische Leiden. Die Behandlung nimmt danach oftmals viel Zeit in Anspruch und der Wiedereinstieg in den Berufsalltag erschwert sich immens. Um den Auswirkungen und Risiken mangelhafter Mitarbeitergesundheit gegenübertreten zu können, müssen langfristig Maßnahmen und Aktivitäten zum Erhalt und zur Förderung der Gesundheit der Beschäftigten initiiert werden. Die Gesundheitsförderung, die im Wesentlichen durch die Ausführungen der Ottawa-Charta der WHO beschrieben wird, ist ein Prozess, der den Menschen ein höheres Maß an Selbstbestimmung über ihre Gesundheit ermöglicht und damit ihre individuelle Gesundheit stärkt (WHO 1986, S. 1). Zur Spezifizierung der Umsetzung von Gesundheitsförderung im betrieblichen Umfeld wurde auf Grundlage der Ottawa Charta auf europäischer Ebene vom European Network for Workplace Health Promotion 1997 die *Luxemburger Deklaration zur Betrieblichen Gesundheitsförderung* verabschiedet. Betriebliche Gesundheitsförderung (BGF) umfasst demnach alle gemeinsamen Maßnahmen von Arbeitgebern, Arbeitnehmern und Gesellschaft zur Verbesserung von Gesundheit und Wohlbefinden am Arbeitsplatz (http://www.luxemburger-deklaration.de, zuletzt abgerufen am 15.02.2016). Das Arbeitsumfeld nimmt in erheblichem Maße auf die Gesundheit von Mitarbeitern Einfluss. Deshalb müssen bestimmte Schlüsselfaktoren gesundheitsförderlich gestaltet werden, um die Gesundheit der Beschäftigten zu verbessern. Dazu gehören (http://¬www.luxemburger-deklaration.de, zuletzt abgerufen am 15.02.2016):

- Unternehmensgrundsätze und -leitlinien, die in den Beschäftigten einen wichtigen Erfolgsfaktor sehen und nicht nur einen Kostenfaktor
- Unternehmenskultur und Führungsgrundsätze, in denen Mitarbeiterbeteiligung verankert ist, um die Beschäftigten zur Übernahme von Verantwortung zu ermutigen
- Arbeitsorganisation, die den Beschäftigten ein ausgewogenes Verhältnis bietet zwischen Arbeitsanforderungen und eigenen Fähigkeiten, Einflussmöglichkeiten auf die eigene Arbeit und sozialer Unterstützung
- Personalpolitik, die aktiv Gesundheitsförderungsziele verfolgt
- Integrierter Arbeits- und Gesundheitsschutz

Betriebliches Gesundheitsmanagement umfasst zwei Ebenen (BGW 2011, S. 8). Einerseits wird am individuellen Verhalten der Mitarbeiter sowie der Führungskräfte und andererseits an den Verhältnissen im Betrieb angesetzt. Hierzu zählen die Arbeitsorganisation, Arbeitsplatzgestaltung sowie die Arbeitsprozesse. Gesundheitsschutz und Gesundheitsförderung fließen in einem systematischen Management zusammen. Betrieblicher Arbeitsschutz ist eine gesetzliche Verpflichtung, Arbeitsschutzmaßnahmen sollen die Sicherheit im Betrieb gewährleisten.

Beispiele hierfür sind:

- Einsatz sicherer medizinisch-technischer Geräte und sonstiger Maschinen
- Gestaltung sicherer und ergonomischer Arbeitsplätze
- Gesundheitsgerechte Arbeitsorganisation
- Bereitstellung geeigneter Schutzkleidung

Betriebliche Gesundheitsförderung geht über den reinen Gesundheitsschutz hinaus und setzt auf weitergehende verhaltensorientierte Maßnahmen, um die Gesundheitssituation zu verbessern.

Beispiele:

- Erhöhung der Gesundheitskompetenz der Mitarbeiter
- Förderung des physischen und psychischen Wohlbefindens

Betriebliches Gesundheitsmanagement verbindet die Ziele und Maßnahmen von Arbeitsschutz und betrieblicher Gesundheitsförderung zu einem ganzheitlichen Managementsystem, um nachfolgende Ziele zu erreichen (BGW 2011, S. 7):

- Reduktion der Krankheitskosten
- Optimierung von gesundheitsfördernden Arbeits- und Organisationsstrukturen
- Förderung von Engagement und eigenverantwortlichem Arbeiten

- Erhalt der Leistungsfähigkeit des Mitarbeiters bis ins hohe Alter
- Reduktion von Kosten für Personalbeschaffung
- Reduzierung der Fluktuation

6.2 Rechtliche Vorgaben

Die Arbeit im Krankenhaus hat für diverse Berufsgruppen den Umgang mit potenziell gesundheitsgefährdenden Stoffen und Instrumenten zur Folge, zudem geht ein Teil der Arbeit mit erheblichen körperlichen und psychischen Belastungen einher. Aus diesem Grund hat der Gesetzgeber Vorschriften zum allgemeinen Arbeitsschutz erlassen. Aufgabe des Arbeitsschutzes ist die Gewährleistung von Sicherheit am Arbeitsplatz und die Verbesserung der Gesundheit der Beschäftigten. Die Verpflichtung von Unternehmen und damit auch von Krankenhäusern zum Gesundheitsschutz resultiert aus Artikel 6 der Richtlinie des Rates über die Durchführung von Maßnahmen zur Verbesserung der Sicherheit und des Gesundheitsschutzes der Arbeitnehmer bei der Arbeit 89/391/EWG. Diese ist durch das Arbeitsschutzgesetz (ArbSchG) in nationales Recht umgesetzt. Auf Basis des § 18 ArbSchG ist die Arbeitsstättenverordnung (ArbStättV) erlassen, diese legt fest, was der Arbeitgeber beim Einrichten und Betreiben von Arbeitsstätten in Bezug auf die Sicherheit und den Gesundheitsschutz der Beschäftigten zu beachten hat. Geregelt werden beispielsweise Anforderungen an Arbeitsräume, Pausen-, Bereitschafts- und Sanitärräume, Beleuchtung, Belüftung und Raumtemperatur. Durch flexible Grundvorschriften soll den Betrieben Spielraum für an ihre Situation angepasste Arbeitsschutzmaßnahmen gegeben werden.

Als zentrale Zielsetzung des Arbeitsschutzgesetzes werden in § 1 Abs. 1 S. 1 die Sicherheit und der Gesundheitsschutz der Beschäftigten bei der Arbeit genannt, welche durch Maßnahmen des Arbeitsschutzes zu realisieren sind. Gemäß § 2 Abs. 1 werden darunter alle Maßnahmen zur Verhütung von Unfällen bei der Arbeit und arbeitsbedingter

Gesundheitsgefahren einschließlich Maßnahmen der menschengerechten Gestaltung der Arbeit verstanden. § 3 ArbSchG regelt die Grundpflichten des Arbeitgebers. Ein Krankenhaus ist daher verpflichtet, die erforderlichen Maßnahmen des Arbeitsschutzes unter Berücksichtigung der Umstände zu treffen, die Sicherheit und Gesundheit der Beschäftigten bei der Arbeit beeinflussen. Es hat die Maßnahmen auf ihre Wirksamkeit zu überprüfen und diese erforderlichenfalls an sich ändernde Gegebenheiten anzupassen. Dabei hat es eine Verbesserung von Sicherheit und Gesundheitsschutz der Beschäftigten anzustreben. Zur Planung und Durchführung der Maßnahmen ist unter Berücksichtigung der Art der Tätigkeiten und der Zahl der Beschäftigten für eine geeignete Organisation Sorge zu tragen, zudem sind die erforderlichen Mittel bereitzustellen. Darüber hinaus sind Vorkehrungen zu treffen, dass die Maßnahmen bei allen Tätigkeiten eingebunden werden und in den betrieblichen Führungsstrukturen Beachtung finden, sodass die Mitarbeiter ihren Mitwirkungspflichten nachkommen können. Die Kosten der Maßnahmen darf die Klinik nicht den Beschäftigten auferlegen.

§ 4 ArbSchG legt allgemeine Grundsätze des Arbeitsschutzes fest. Die Arbeit ist so zu gestalten, dass eine Gefährdung für das Leben sowie die physische und die psychische Gesundheit möglichst vermieden und die verbleibende Gefährdung gering gehalten wird. Gefahren sind an ihrer Quelle zu bekämpfen. Bei den Maßnahmen sind der Stand von Technik, Arbeitsmedizin und Hygiene sowie sonstige gesicherte arbeitswissenschaftliche Erkenntnisse zu berücksichtigen. Maßnahmen sind mit dem Ziel zu planen, Technik, Arbeitsorganisation, sonstige Arbeitsbedingungen, soziale Beziehungen und Einfluss der Umwelt auf den Arbeitsplatz sachgerecht zu verknüpfen. Individuelle Schutzmaßnahmen sind nachrangig zu anderen Maßnahmen zu behandeln. Spezielle Gefahren für besonders schutzbedürftige Gruppen sind zu beachten. Den Beschäftigten sind geeignete Anweisungen zu erteilen. Mittelbar oder unmittelbar geschlechtsspezifisch wirkende Regelungen sind nur zulässig, wenn dies aus biologischen Gründen zwingend geboten ist.

Von zentraler Bedeutung sind die Gefährdungsanalysen, die auf Basis des § 5 ArbSchG durch das Krankenhaus zu erstellen sind. Ziel ist

6.2 Rechtliche Vorgaben

die systematische Einschätzung verschiedener Gefahrenpotenziale innerhalb der Arbeit der Mitarbeiter mit einer anschließenden Ableitung entsprechender Maßnahmen. Die Gefährdungsbeurteilung ist ein zentrales Instrument des betrieblichen Arbeits- und Gesundheitsschutzes und umfasst neben physischen Gestaltungsfaktoren auch die psychischen Belastungen, die bei der Arbeit auftreten können. Nähere Vorgaben resultieren aus § 3 ArbStättV. Demnach hat das Krankenhaus zunächst festzustellen, ob die Beschäftigten Gefährdungen ausgesetzt sind oder ausgesetzt sein können. Wird dies bejaht, sind alle möglichen Gefährdungen der Gesundheit und Sicherheit zu beurteilen. Entsprechend dem Ergebnis der Gefährdungsbeurteilung sind Schutzmaßnahmen zu ergreifen. Sicherzustellen ist, dass die Gefährdungsbeurteilung fachkundig durchgeführt wird. Verfügt das Krankenhaus nicht selbst über die entsprechenden Kenntnisse, hat es sich fachkundig beraten zu lassen. Gefährdungsbeurteilungen sind unabhängig von der Zahl der Beschäftigten zu dokumentieren. Dabei ist anzugeben, welche Gefährdungen am Arbeitsplatz auftreten können und welche Maßnahmen zur Gegensteuerung vorgesehen sind.

Eine Gefährdung kann aus folgenden Punkten resultieren:

Gestaltung und Einrichtung der Arbeitsstätte und des Arbeitsplatzes
Beispiel: Stark unterschiedliche Beleuchtung in Arbeitsräumen, Fluren und Treppenhäusern kann aufgrund der zeitlichen Verzögerung der Anpassung der Augen an die Lichtverhältnisse zu einer erhöhten Stolper- und Sturzgefahr führen
Mögliche Gegenmaßnahme: Schaffung von einheitlichen Lichtverhältnissen soweit sinnvoll durch Vorgabe von Luxwerten sowie Sicherstellung einer gleichmäßigen Anordnung der Beleuchtung ohne Verschattungen

Physikalische, chemische und biologische Einwirkungen
Beispiel: Unzureichende Schutzausrüstung für Augen führt zur Gefährdung von Labormitarbeitern beim Umgang mit ätzenden Stoffen

Mögliche Gegenmaßnahme: Bereitstellen einer funktionsfähigen Schutzausrüstung in ausreichender Menge sowie Einweisung der Mitarbeiter in deren Gebrauch

Gestaltung, Auswahl und Einsatz von Arbeitsmitteln, insbesondere von Arbeitsstoffen, Maschinen, Geräten und Anlagen sowie der Umgang damit
Beispiel: Ein technisches Hilfsmittel zur Unterstützung beim Umlagern von Patienten ist nicht vorhanden, sodass die Gefahr von Fehlbelastungen entsteht
Mögliche Gegenmaßnahme: Auswahl und Beschaffung von technischen Hilfsmitteln, die das Lagern erleichtern, in Abstimmung mit den Mitarbeitern

Gestaltung von Arbeitsverfahren, Arbeitsabläufen und Arbeitszeit und deren Zusammenwirken
Beispiel: Arbeiten unter ständigem Zeitdruck mit der Gefahr von chronischer Übermüdung bis hin zu Burnout
Mögliche Gegenmaßnahme: Gewährleistung von ausreichenden Pausenzeiten während der Arbeitstätigkeit sowie Angebot von Schulungen zum Umgang mit Stress

Unzureichende Qualifikation und Unterweisung der Beschäftigten
Beispiel: Ausbleiben einer Einweisung in ein medizinisch-technisches Gerät, sodass die Gefahr eines Stromschlags infolge falscher Anwendung besteht
Mögliche Gegenmaßnahme: Sicherstellung einer umgehenden Einweisung neuer Mitarbeiter sowie bei der Anschaffung neuer Geräte

Psychische Belastungen bei der Arbeit
Beispiel: Interne Konflikte im Arbeitsbereich führen zu psychischer Überlastung von Mitarbeitern
Mögliche Gegenmaßnahme: Regelmäßige Teamsitzungen und Mitarbeitergespräche bis hin zu Moderation bei anhaltenden Konflikten

§ 6 ArbSchG sieht vor, dass das Ergebnis der Gefährdungsbeurteilung, die daraus abgeleiteten Maßnahmen des Arbeitsschutzes sowie das Ergebnis ihrer Überprüfung dokumentiert werden müssen. Zudem sind Unfälle, die zu einer für mehr als drei Tage andauernden (teilweisen) Arbeitsunfähigkeit führen, zu erfassen.

Regelungen zu Unterweisungen finden sich in § 12 ArbSchG. Die Beschäftigten sind über Sicherheit und Gesundheitsschutz bei der Arbeit während ihrer Arbeitszeit ausreichend und angemessen zu unterweisen. Die Unterweisung hat Anweisungen und Erläuterungen, die eigens auf den Arbeitsplatz oder den Aufgabenbereich der Beschäftigten ausgerichtet sind, zu umfassen Die Unterweisung muss bei der Einstellung, bei Veränderungen im Aufgabenbereich, der Einführung neuer Arbeitsmittel oder einer neuen Technologie vor Aufnahme der Tätigkeit der Beschäftigten erfolgen. Die Unterweisung muss an die Gefährdungsentwicklung angepasst werden und falls dadurch erforderlich, wiederholt werden. Bei einer Arbeitnehmerüberlassung trifft die Pflicht zur Unterweisung den Entleiher.

Nicht nur dem Krankenhaus als Arbeitgeber obliegen Pflichten beim Arbeitsschutz, auch den Beschäftigten werden solche auferlegt (§ 15f. ArbSchG). Die Beschäftigten sind verpflichtet, nach ihren Möglichkeiten sowie gemäß der Unterweisung und Weisung des Arbeitgebers für ihre Sicherheit und Gesundheit bei der Arbeit Sorge zu tragen. Sie haben auch für die Sicherheit und Gesundheit der Personen zu sorgen, die von ihren Handlungen oder Unterlassungen bei der Arbeit betroffen sind. Insbesondere sind alle Arbeitsmittel (z. B. Geräte) sowie Schutzvorrichtungen und die Schutzausrüstung bestimmungsgemäß zu verwenden.

Die Mitarbeiter haben jede von ihnen festgestellte unmittelbare erhebliche Gefahr für die Sicherheit und Gesundheit sowie jeden an den Schutzsystemen festgestellten Defekt unverzüglich zu melden. Sie müssen gemeinsam mit dem Betriebsarzt und der Fachkraft für Arbeitssicherheit das Krankenhaus darin unterstützen, seine Pflichten entsprechend den gesetzlichen Vorgaben zu erfüllen.

Gemäß Arbeitssicherheitsgesetz (ASiG) hat ein Krankenhaus einen Betriebsarzt und Fachkräfte für Arbeitssicherheit zu bestellen. Diese sollen es beim Arbeitsschutz und bei der Unfallverhütung unterstützen. Damit soll erreicht werden, dass die dem Arbeitsschutz und der Unfallverhütung dienenden Vorschriften den besonderen Betriebsverhältnissen entsprechend angewandt werden, gesicherte arbeitsmedizinische und sicherheitstechnische Erkenntnisse zur Verbesserung des Arbeitsschutzes und der Unfallverhütung verwirklicht werden können und die dem Arbeitsschutz und der Unfallverhütung dienenden Maßnahmen einen möglichst hohen Wirkungsgrad erreichen.

Das Gesetz enthält Vorschriften über die Bestellung, Aufgaben und Anforderungen von Betriebsärzten (§§ 2-4 ASiG) und der Fachkräfte für Arbeitssicherheit (§§ 5-7 ASiG). Sie sind bei der Anwendung ihrer arbeitsmedizinischen und sicherheitstechnischen Fachkunde weisungsfrei und dürfen wegen der Erfüllung der ihnen übertragenen Aufgaben nicht benachteiligt werden (§ 8 Abs. 1 S. 1,2 ASiG). Betriebsärzte sind nur ihrem ärztlichen Gewissen unterworfen und haben die Regeln der ärztlichen Schweigepflicht zu beachten (§ 8 Abs. 1 S. 3 ASiG). Weiterhin werden im Arbeitssicherheitsgesetz Regelungen zur Zusammenarbeit mit dem Betriebsrat (§ 9 ASiG) und zwischen dem Betriebsarzt und den Fachkräften für Arbeitssicherheit (§ 10 ASiG) festgelegt.

Das Betriebsverfassungsgesetz (BetrVG) regelt die Rechte und Pflichten der Mitarbeitervertretung. In Bezug auf die gesundheitsförderliche Arbeitsgestaltung der Arbeitnehmer werden ihnen umfassende Kompetenzen eingeräumt.

Der Betriebsrat ist über die Planung von Änderungen oder Ergänzungen von betrieblichen Räumen, technischen Anlagen, Arbeitsverfahren und Arbeitsabläufen oder der Arbeitsplätze rechtzeitig unter Vorlage der erforderlichen Unterlagen zu unterrichten. Darüber hinaus hat das Krankenhaus mit dem Betriebsrat die vorgesehenen Maßnahmen und ihre Auswirkungen auf die Arbeitnehmer, insbesondere auf die Art ihrer Arbeit sowie die sich daraus ergebenden Anforderungen an die Beschäftigten so rechtzeitig zu beraten, dass die Vorschläge und Bedenken des Betriebsrats bei der Planung noch berücksichtigt werden können (§ 90 Abs. 1, 2 BetrVG).

Die Bestellung und Abberufung von Betriebsärzten und Fachkräften für Arbeitssicherheit sowie deren Aufgabenerweiterung oder -einschränkung bedarf der Zustimmung des Betriebsrats (§ 9 Abs. 3 ASiG).

Das Krankenhaus, die Arbeitsschutzbehörden und die Unfallversicherungsträger sind dazu verpflichtet, den Betriebsrat bei allen im

Zusammenhang mit dem Arbeitsschutz oder der Unfallverhütung stehenden Besichtigungen und Fragen sowie bei Unfalluntersuchungen hinzuzuziehen. Alle den Arbeitsschutz, die Unfallverhütung und den betrieblichen Umweltschutz betreffenden Auflagen und Anordnungen sind dem Betriebsrat unverzüglich mitzuteilen (§ 89 Abs. 2, 5 BetrVG). Der Betriebsrat hat bei Regelungen über die Verhütung von Arbeitsunfällen und Berufskrankheiten sowie über den Gesundheitsschutz im Rahmen der gesetzlichen Vorschriften oder der Unfallverhütungsvorschriften mitzubestimmen (§ 87 Abs. 1 Nr. 7 BetrVG). Sofern die Arbeitnehmer durch Änderungen in besonderer Weise belastet und diese Änderungen den gesicherten arbeitswissenschaftlichen Erkenntnissen über die menschengerechte Gestaltung der Arbeit offensichtlich widersprechen, kann der Betriebsrat angemessene Maßnahmen zur Abwendung, Milderung oder zum Ausgleich der Belastung verlangen (§ 91 BetrVG).

Der Betriebsrat kann dem Arbeitgeber zusätzliche Arbeitsschutzmaßnahmen und Maßnahmen zur Verhütung von Arbeitsunfällen und Gesundheitsschädigungen vorschlagen und im Einvernehmen freiwillige Betriebsvereinbarungen abschließen (§ 88 Nr. 1 BetrVG, § 80 Abs. 1 Nr. 9 BetrVG).

Weitere Verordnungen, die für Krankenhäuser von Bedeutung sind, sind die Röntgenverordnung (RöV), Strahlenschutzverordnung (StrlSchV) sowie die Betriebssicherheitsverordnung (BetrSichV) (Hüttl 2007, S. 102). Die Röntgenverordnung stellt die Mindestvoraussetzungen für die Errichtung und den Betrieb von Röntgeneinrichtungen und Störstrahlern auf, soweit diese nicht der Strahlenschutzverordnung unterliegen. Darüber hinaus werden organisatorische Vorgaben wie die Bestellung von Strahlenschutzverantwortlichen und -beauftragten sowie Bestimmungen zur arbeitsmedizinischen Vorsorge und eventuellen Beschäftigungseinschränkungen geregelt. Die Strahlenschutzverordnung enthält wesentliche Schutzvorschriften für den Umgang mit radioaktiven Stoffen sowie zur Errichtung und den Betrieb von Anlagen zur Erzeugung ionisierender Strahlen. Ebenso wie in der Röntgenverordnung sind auch in der Strahlenschutzverordnung organisatorische Regelungen sowie Festlegungen zur arbeitsmedizinischen Vorsorge und eventuellen Beschäftigungsverboten enthalten.

Die Betriebssicherheitsverordnung enthält Arbeitsschutzanforderungen für die Benutzung von Arbeitsmitteln und für den Betrieb überwachungsbedürftiger Anlagen. Sie beinhaltet ein umfassendes Schutzkonzept, das auf alle von Arbeitsmitteln ausgehenden Gefährdungen Anwendung finden kann. Hierzu zählen die einheitliche Gefährdungsbeurteilung für die Bereitstellung und Benutzung von Arbeitsmitteln, eine einheitliche sicherheitstechnische Bewertung für den Betrieb überwachungsbedürftiger Anlagen, der Stand der Technik als wesentlicher Sicherheitsmaßstab sowie Mindestanforderungen für die Beschaffenheit von Arbeitsmitteln, soweit sie nicht bereits anderweitig geregelt sind.

Das Sozialgesetzbuch (SGB) soll zur Verwirklichung sozialer Gerechtigkeit und sozialer Sicherheit beitragen. In §§ 1, 20 SGB V werden die Zuständigkeiten von Krankenkassen und Unfallversicherungsträgern geregelt. Ihre Verpflichtung im Hinblick auf Prävention und Betriebliche Gesundheitsförderung wird besondere Bedeutung beigemessen. Das SGB VII erteilt der gesetzlichen Unfallversicherung einen erweiterten Präventionsauftrag. Erkrankt ein Mitarbeiter innerhalb von zwölf Monaten länger als sechs Wochen am Stück oder ist gänzlich arbeitsunfähig, hat der Arbeitgeber die Aufgabe ein Betriebliches Eingliederungsmanagement (BEM) zu beginnen (§ 84 SGB IX). Ziel ist es, die aktuelle Phase der gehäuften Arbeitsunfähigkeit zu überwinden und dem Auftreten neuer Erkrankungen, einhergehend mit erneuten Krankheitsphasen vorzubeugen.

In § 3 Nr. 34 Einkommensteuergesetz (EStG) werden unter bestimmten Voraussetzungen Unternehmen Steuerbefreiungen für verschiedene Angebote für Mitarbeiter, wie Kurse zur Stressbewältigung oder gesunder Ernährung bis zu 500 Euro jährlich pro Beschäftigten gewährt.

6.3 Gefährdungsbeurteilungen

Bei der Durchführung von Gefährdungsbeurteilungen empfiehlt sich ein auf sieben Punkten aufbauendes Vorgehen (▶ Abb. 6.1), um die in den verschiedenen Bereichen der Klinik auftretenden Gefährdungen und Belastungen systematisch ermitteln, beurteilen und die erforderlichen Maßnahmen für den Arbeits- und Gesundheitsschutz umsetzen zu können (BGW 2012, S. 9ff.).

Abb. 6.1: Schritte einer Gefährdungsbeurteilung

Schritt 1: Arbeitsbereiche und Tätigkeiten erfassen
Zunächst sollten die Krankenhausorganisation und die Abläufe systematisch erfasst werden. Dadurch ist es möglich, unnötige Doppelarbeit zu vermeiden und einen Überblick zu gewinnen. Folgende Hinweise sind dabei hilfreich:

- Gleichartige Tätigkeiten, Arbeiten mit gleichen Arbeitsmitteln und Tätigkeiten mit ähnlichen Gefährdungen sollten zusammengefasst werden. Es ist ausreichend, einen typischen Ablauf in der arbeitsbereichsbezogenen Gefährdungsbeurteilung zu erfassen.
- Die weiteren, überschneidungsfreien Tätigkeiten sind ebenso zu erfassen, um sie anschließend in einer tätigkeitsbezogenen Gefährdungsbeurteilung auf mögliche Gefährdungen und Belastungen hin zu überprüfen.

Eine personenbezogene Gefährdungsbeurteilung bietet sich für Mitarbeiter mit wechselnden Tätigkeiten an. Ebenso ist sie sinnvoll für Allergiker, chronisch Kranke oder Mitarbeiter mit Behinderungen. Gesetzlich vorgeschrieben ist sie für Jugendliche sowie werdende oder stillende Mütter.

Unterstützung bei der Erstellung liefern die Fachkraft für Arbeitssicherheit und der Betriebsarzt. Aufgaben dürfen an zuverlässige und fachkundige Mitarbeiter delegiert oder an eine externe Firma übergeben werden. Der Auftrag hat schriftlich zu erfolgen und Verantwortungsbereiche und Befugnisse sind eindeutig festzuhalten. Die Gesamtverantwortung kann nicht delegiert werden, diese obliegt der Krankenhausleitung.

Schritt 2: Gefährdungen ermitteln
Von Belastung spricht man, wenn Mitarbeiter durch äußere Bedingungen und Anforderungen des Arbeitssystems physisch oder psychisch beeinträchtigt werden, beispielsweise durch langes Stehen, Termindruck, Über- oder Unterforderung. Zur Ermittlung von Gefährdungen kann auf folgende Informationsquellen zurückgegriffen werden:

6.3 Gefährdungsbeurteilungen

- Gesetze, Verordnungen, Unfallverhütungsvorschriften, Grenz- und Mindestwerte
- Berufsgenossenschaftliche Regelungen
- Mitarbeiterbefragung, Begehungen, Beobachtung der Arbeit, Gespräche
- Fachkraft für Arbeitssicherheit und Betriebsarzt, arbeitsmedizinische und arbeitswissenschaftliche Erkenntnisse
- Nachfragen beim Unfallversicherungsträger oder dem Staatlichen Amt für Arbeitsschutz
- Erfahrungswerte, Analyse der Arbeitsanweisungen und Schichtpläne

Zu erfassen sind alle denkbaren Gefährdungen und Belastungen; die Risikobewertung und die Ableitung des Handlungsbedarfs folgen erst zu einem späteren Zeitpunkt. Die Mitarbeiter sind eng in die Analyse einzubinden.

Schritt 3: Gefährdungen beurteilen
Nachdem alle denkbaren Gefährdungen erfasst wurden, sind diese hinsichtlich ihres Gefährdungspotenzials zu beurteilen. Als Beurteilungsmaßstab dienen folgende zwei Fragestellungen:

- Wie wahrscheinlich ist es, dass in einer Arbeitssituation ein Unfall passiert?
- Wie gravierend wären die Folgen?

Basierend auf der Beurteilung lassen sich drei Risikoklassen ableiten:

Risikoklasse 3: Nicht akzeptable Risiken
Erscheint ein Unfall oder eine Krankheit zwar wenig wahrscheinlich, gehen aber davon gravierende Folgen aus, so liegt ein inakzeptables Risiko vor. Sind Unfälle wahrscheinlich und mit schweren Folgen verbunden, ist eine Klassifizierung in Kategorie 3 ebenso die Folge. Nicht akzeptabel heißt, den Arbeitsbereich oder ein Arbeitsgerät ab sofort, also bis zur Beseitigung der Gefahrenquelle nicht mehr zu nutzen.

> **Beispiel:** Eine aus der Wand heraushängende Steckdose darf nicht mehr benutzt werden, da die Gefahr eines Stromschlags besteht.

Risikoklasse 2: Langfristig nicht tolerable Risiken
Belastungen haben häufig keine unmittelbaren gesundheitlichen Folgen, sie schaden erst mittelfristig der Gesundheit. Ein Unfallrisiko, das man in einer dringenden Situation eingeht, darf nicht langfristig Teil der Arbeitssituation bleiben. Diese Gefährdungen und Belastungen sind auf Dauer nicht tolerabel.

> **Beispiel:** Hautbelastende Tätigkeiten, wie langes Arbeiten mit Handschuhen oder häufiges Händewaschen sind langfristig nicht akzeptabel, sodass ein Hautschutz- und Händehygieneplan erstellt sowie Hautschutz- und Hautpflegeprodukte beschafft werden müssen.

Risikoklasse 1: Akzeptale Risiken
Höchst unwahrscheinliche oder Bagatellunfälle zählen zu den sogenannten allgemeinen Lebensrisiken, die als hinnehmbar eingestuft werden. Es besteht daher auch kein Handlungsbedarf.

> **Beispiel:** Kleinere Schnittverletzungen durch Papier in der Verwaltung

Nachdem die Gefährdungen beurteilt wurden, ist zu überlegen, wie viel Sicherheit erreicht werden soll und bis wann dies zu realisieren ist.

Schritt 4: Maßnahmen festlegen
Sobald eine Priorisierung bei den Risiken vorgenommen wurde, müssen im nächsten Schritt Maßnahmen festgelegt werden, mit denen die gefundenen Ziele erreicht werden sollen. Es ist festzulegen, wer was bis wann tun soll. Folgende Ansätze sind denkbar:

Gefahrenquelle beseitigen
Am wirkungsvollsten ist es, die Gefahrenquelle oder Ursache einer Belastung zu beseitigen.

> Beispiel: Wenn möglich ein sensibilisierendes aldehydhaltiges Desinfektionsmittel durch ein aldehydfreies ersetzen.

Technische Maßnahmen
Bestehende Gefährdungen können durch technische Vorrichtungen oder bautechnische Maßnahmen entschärft werden.

> Beispiel: Anti-Rutsch-Beläge zur Vermeidung von Stürzen.

Organisatorische Lösungen
Arbeitsorganisation und -abläufe werden so gestaltet, dass Gefährdungen vermieden werden.

> Beispiel: Reinigung und Überprüfung der Fettfangfilter mindestens 14-tägig und der Dunstabzugshauben (mindestens einmal pro Jahr) zur Vermeidung einer Brandgefahr.

Personen- und verhaltensbezogene Lösungen
Erst wenn Gefahrenquellen nicht beseitigt oder Gefahren nicht vermieden werden können, sollte man auf Schutzausrüstung für die Mitarbeiter zurückgreifen.

> Beispiel: Anlegen von Schutzkleidung beim Umgang mit Patienten mit multiresistenten Keimen.

Schritt 5: Maßnahmen durchführen
Als nächstes werden die festgelegten Maßnahmen tatsächlich in die Praxis umgesetzt. Den Mitarbeitern sollten ausreichend Zeit und Ressourcen zur Verfügung stehen, um sich an die neuen Gegebenheiten zu gewöhnen. Wichtig ist es, die Aktivitäten nicht aus dem Auge zu verlieren und gegenzusteuern, wenn die Umsetzung stockt.

Schritt 6: Wirksamkeit überprüfen
Alle ergriffenen Maßnahmen sind auf ihre Wirksamkeit und Durchführung hin zu überprüfen. Folgende drei Fragen helfen bei der Einschätzung:

- Sind die Maßnahmen termingerecht umgesetzt worden?
- Wurden die Ziele mit den Maßnahmen (komplett) erreicht?
- Haben die Maßnahmen neue Gefährdungen oder Belastungen hervorgerufen?

Reichen die Aktivitäten zur Zielerreichung nicht aus, sind weitere Maßnahmen zu planen und durchzuführen bzw. bestehende zu modifizieren.

Schritt 7: Gefährdungsbeurteilung fortschreiben
Arbeitsschutz ist ein kontinuierlicher Verbesserungsprozess, der immer wieder an sich ändernde Gegebenheiten anzupassen ist. Es gibt viele Ursachen, die zu einer Modifikation führen:

- Neue Dienstleistungen und Verfahren (z. B. neues OP-Verfahren)
- Anschaffung neuer Geräte (z. B. Kauf eines neuen MRT)
- Verwendung neuer Produkte (z. B. Einsatz neuer Reinigungsmittel)
- Umgestaltung von Arbeitsbereichen (z. B. Umbau eines Schwesternzimmers)
- Änderung der Arbeitsorganisation und des Arbeitsablaufs (z .B. Einführung eines integrierten Aufnahmemanagements)
- Neue und geänderte Verordnungen (z. B. Neufassung des Arbeitsschutzgesetzes)

Auch das »Tagesgeschäft« kann Hinweise auf unentdeckte Gefährdungen und Belastungen liefern. Aufgreifkriterien sind Arbeitsunfälle, Verdachtsfälle beruflich bedingter Erkrankungen, Beinahe-Unfälle oder erhöhte Krankenstände.

Begleitende Aufgabe: Dokumentation
Die Gefährdungsbeurteilung ist gemäß Arbeitsschutzgesetz schriftlich zu dokumentieren (papierbasiert oder als Datei). Die Dokumentation sollte bei allen der sieben Schritte vorgenommen werden. Sie erleichtert es, Maßnahmen, Verantwortliche und Termine für die Durchführung der Arbeitsschutzmaßnahmen festzuhalten.

Dokumentiert werden sollten folgende Aspekte:

Ergebnis der Gefährdungsbeurteilung

- Welchen Gefährdungen sind die Mitarbeiter ausgesetzt?
- Wie groß ist das Ausmaß der Gefährdungen?
- Wie dringlich ist die Beseitigung der Gefährdungen?
- Welches Schutzziel soll erreicht werden?

Festgelegte Maßnahmen

- Welche Maßnahmen sind geplant?
- Wer ist für die Durchführung verantwortlich?
- Bis wann sind die Maßnahmen umzusetzen?

Ergebnisse der Überprüfung

- Wie wirksam sind die durchgeführten Maßnahmen?
- Was muss zusätzlich veranlasst werden?

6.4 Gesundheitsgespräche

6.4.1 Grundidee und Zielsetzung

Um Fehlzeiten gezielt entgegenzusteuern, setzen immer mehr Kliniken auf Rückkehr- und Fehlzeitengespräche. Unter einem Rückkehrgespräch versteht man, dass mit jedem Mitarbeiter noch am Tag der Rückkehr gesprochen wird (Begrüßungsgespräch). Fehlzeitengespräche werden nach krankheitsbedingten Abwesenheiten geführt. Das Krankenhaus legt hierzu Kriterien fest (z. B. Dauer, Häufigkeit oder zeitliche Lage), anhand derer definiert ist, ob ein Gespräch erfolgen soll. Aufgrund der negativen Besetzung des Begriffs »Fehlzeitengespräch« wird empfohlen, in einem auf dem Management der Beziehung zu den

Beschäftigten ausgerichteten Ansatz die Bezeichnung »Gesundheitsgespräche« zu verwenden. Darunter sind alle Gespräche zusammenzufassen, die nach einer krankheitsbedingten Absolvenz (egal, ob es sich um ein Begrüßungs- oder Fehlzeitengespräch handelt) geführt werden.

Den Gesprächen werden sowohl Vor- als auch Nachteile zugeschrieben. Befürworter halten diese für ein geeignetes Instrument, die Anwesenheit der Beschäftigten zu steigern und fehlzeitenauffällige Mitarbeiter zu identifizieren. Anderseits betonen Skeptiker die Gefahr, dass eine Kontrolle des Fehlzeitenverhaltens zu einer Ausgrenzung kranker Mitarbeiter oder zu Präsentismus führen könnte (Prümper und Hamann 2012, S. 32).

Die Gefahr negativer Wirkungen von Gesundheitsgesprächen ist nicht von der Hand zu weisen. Die Wirkung hängt wesentlich davon ab, wie diese Gespräche geführt werden und ob es gelingt, dem betroffenen Mitarbeiter zu zeigen, dass mit dem Dialog ein Ansatz zur Unterstützung unternommen wird (Pfaff 2002, S. 7). Kern der Gespräche ist die Klärung, ob die Ursachen für die Absolvenz betrieblich sind und wenn ja, wie diese krankheitsverursachenden Faktoren beseitigt werden können.

Sollen Gesundheitsgespräche erfolgreich implementiert werden, so ist im Vorfeld ein enger Austausch zwischen der Krankenhausleitung, den Mitarbeitern sowie deren Interessenvertretung nötig. Ängste sind abzubauen, davor dass nicht die Fürsorge des Arbeitgebers im Mittelpunkt steht, sondern Druck auf kranke Kollegen aufgebaut werden soll oder gar krankheitsbedingte Kündigungen vorbereitet werden sollen. Geht es in den Gesprächen primär um die Androhung von Konsequenzen bei weiteren Fehlzeiten, so besteht die Problematik, dass viele Mitarbeiter sich möglicherweise krank zur Arbeit schleppen, nur um einem Fehlzeitengespräch entgehen zu können (Pfaff 2002, S. 5).

Kliniken, in denen es gelungen ist, ein wirkungsvolles Beziehungsmanagement für die Mitarbeiter aufzubauen, werden dort erheblich bessere Startbedingungen vorfinden als Kliniken, die die Belange der Beschäftigten bislang nur unsystematisch und punktuell betrachtet haben. Für die Mitarbeiter können sich aus Gesundheitsgesprächen und den daraus abgeleiteten Maßnahmen vielfältige Vorteile ergeben (Wipp et al. 2009, S. 12):

6.4 Gesundheitsgespräche

- Beitrag zur Erhaltung des eigenen Arbeitsplatzes durch erhöhte Wirtschaftlichkeit der Einrichtung
- Beitrag zum Erhalt der eigenen Gesundheit
- Hilfe bei der Suche nach beruflichen Ersatzeinsatzmöglichkeiten, wenn die bisherige Arbeit nicht mehr ausgeführt werden kann
- Entgegenwirkung einer drohenden Verschlimmerung einer Krankheit
- Weniger Überstunden, dadurch Schutz vor Überforderung
- Sicherheit beim Umgang mit Fehlzeiten, keine Beliebigkeit im Handeln beim Vorgesetzten

Ausgangsfrage aller Bemühungen im Rahmen von Gesundheitsgesprächen ist jedoch die Klärung, warum Fehlzeiten überhaupt entstehen. Gründe für die Abwesenheit sind vielfältig:

Ursachen, die in der Person des Mitarbeiters liegen

Beispiele: Gesundheitszustand, Einstellung zur Arbeit

Innerbetriebliche Bedingungen

Beispiele: Arbeitszeitgestaltung, psychische und physische Belastung durch die Arbeit

Außerbetriebliche Anhaltspunkte

Beispiele: Arbeitsplatzsituation, gesetzliche Regelungen wie Entgeltfortzahlungsgesetz

Liegen die Gründe in der Person des Mitarbeiters, sind die Fehlzeiten oftmals nur zum Teil vermeidbar. Sie sind häufig schwierig und nur nach langer Beobachtung zu identifizieren. Bei innerbetrieblichen Gründen kann das Unternehmen deutlich besser entgegenwirken. Auf außerbetriebliche Ursachen hat das Unternehmen kaum Einflussmöglichkeiten (Otto et al. 2012, S. 16ff.).

Im Krankenhaus sind insbesondere körperliche Belastungen von Bedeutung, zu nennen sind die Arbeitszeiten (Schichtarbeit, Überstunden,

Bereitschafts- und Rufdienste), körperliche Anstrengungen beim Umgang mit den Patienten sowie Arbeiten in gebückter oder kniender Lage. Zudem resultiert aus der steigenden Leistungsverdichtung vielfach Termin- und Leistungsdruck und damit nicht unerheblicher Stress. Mitarbeiter in Kliniken sind des Weiteren auch psychisch starken Belastungen ausgesetzt. Die Arbeit erfordert ein Höchstmaß an Konzentration, zudem ist das Thema Krankheit und Tod allgegenwärtig. Das Betriebsklima und der Führungsstil sind zusätzliche maßgebende Einflussfaktoren auf Fehlzeiten. Krankenhäuser, in denen eine gute Vertrauensbasis zwischen den Beschäftigten untereinander sowie den Vorgesetzen und Mitarbeitern herrscht, haben selten mit hohen Fehlzeiten zu kämpfen. Bei einer vertrauensbasierten Zusammenarbeit fällt es zudem leichter, persönliche Störfaktoren, die die Gesundheit negativ beeinträchtigen, zu erkennen und Maßnahmen zur Hilfe anzubieten.

6.4.2 Ausgewählte Kennzahlen des Arbeitsunfähigkeitsgeschehens

Um systematisiert Problembereiche und -fälle (z. B. bestimmte Abteilungen, einzelne Mitarbeiter) identifizieren zu können, sollten Krankenhäuser ausgewählte Kennzahlen des Arbeitsunfähigkeitsgeschehens regelmäßig erheben. Beispiele sind:

AU-Fälle
Anzahl der Fälle von Arbeitsunfähigkeit. Gezählt wird jede Arbeitsunfähigkeitsmeldung, die nicht nur eine Verlängerung einer vorangegangenen Meldung ist.

AU-Tage
Anzahl der AU-Tage, die in einer Auswertungsperiode anfallen. Arbeitsfreie Zeiten wie Wochenenden oder Feiertage, die in den Zeitraum der Krankschreibung fallen, gehen bei der Ermittlung der AU-Tage durch die Krankenkassen mit ein. Deshalb können sich Abweichungen zu betriebsintern geführten Statistiken ergeben, da diese bezogen auf die tatsächlichen Arbeitszeiten berechnet werden.

AU-Tage je Fall
Mittlere Dauer eines AU-Falles. Diese Kennziffer stellt einen Indikator für die Schwere der Erkrankung dar.

Krankenstand
Prozentualer Anteil der Arbeitsunfähigkeitstage an den potenziellen Arbeitstagen im Jahr.

Kurzzeiterkrankungen
Arbeitsunfähigkeitsfälle mit einer Dauer von 1-3 Tagen.

Langzeiterkrankungen
Arbeitsunfähigkeitstage mit einer Dauer von mehr als sechs Wochen.

6.4.3 Instrument Gesundheitsgespräch

Das Ziel einer Reduzierung krankheitsbedingter Fehlzeiten kann mit Gesundheitsgesprächen nur erreicht werden, wenn diese richtig geführt werden. Eine falsche Gesprächsführung kann die Situation sogar noch verschlechtern. Es soll nicht in detektivischer Manier herausgefunden werden, welche Art der Erkrankung beim Mitarbeiter vorliegt, dies ist zudem auch gesetzlich nicht zulässig. Im Vordergrund steht das Aufdecken und Vermeiden der krankheitsauslösenden Faktoren. Gesundheitsgespräche können wie bereits dargestellt in Rückkehrgespräche (Begrüßungsgespräche) und Fehlzeitengespräche differenziert werden. Fehlzeitengespräche werden meist noch gestuft durchgeführt, es existieren verschiedene Eskalationsstufen.

Rückkehrgespräche sollten mit allen Mitarbeitern geführt werden, die an den Arbeitsplatz zurückkehren, unabhängig vom Grund ihrer Abwesenheit. Mit den Rückkehrgesprächen verfolgen Kliniken das Ziel, dem Mitarbeiter die Wiederaufnahme der Arbeit zu erleichtern, indem sie ihn über Vorkommnisse während seiner Abwesenheit informieren. Zudem ist es ein Ausdruck von Wertschätzung, da gezeigt wird, dass die Absolvenz bemerkt wurde. Liegt eine krankheitsbedingte Ursache der Abwesenheit zugrunde, ist zusätzlich zu klären, ob ein kausaler Zusammenhang zwischen der Situation am Arbeitsplatz und der Erkrankung vorliegt. Bestehen berechtigte Zweifel an einer Arbeitsunfähigkeit, sind Fehlzeitengespräche in Abgrenzung zum Rückkehrgespräch durchzuführen. Zweifel an einer Arbeitsunfähigkeit (AU) bestehen beispielsweise in folgenden Fällen:

- Deutlich überdurchschnittliche AU des Mitarbeiters
- Beginn der AU liegt am Anfang oder Ende einer Woche bzw. einer Schicht
- AU-Bescheinigung wird durch einen Arzt ausgestellt, der durch die Häufigkeit der von ihm ausgestellten Bescheinigungen auffällig ist
- AU-Folgebescheinigung wird durch einen anderen Arzt ausgestellt, als die vorhergehende Arbeitsunfähigkeitsbescheinigung
- Erkrankungen nach innerbetrieblichen Differenzen
- Vorherige Ankündigung von Erkrankung

Unabhängig von Fehlzeitengesprächen empfiehlt sich im Verdachtsfall eine Beantragung der Überprüfung der Arbeitsunfähigkeit durch den Medizinischen Dienst der Krankenversicherung (MDK). In Fehlzeitengesprächen geht es darum herauszufinden, ob der Auslöser der Fehlzeiten im betrieblichen Umfeld liegt, ein Problembewusstsein des Mitarbeiters für die Fehlzeiten zu schaffen und gemeinsam nach Lösungen für die Problematik zu suchen. Getroffene Vereinbarungen sollten schriftlich dokumentiert werden. Sinnhaft kann zudem die Absprache eines Folgetermins sein, um die Wirksamkeit der vereinbarten Maßnahmen zu überprüfen.

Um ein erfolgreiches Fehlzeitengespräch führen zu können, sind folgende Rahmenfaktoren einzuhalten (Prümper und Hamann 2012, S. 36):

Gemeinschaftlichkeit
Gegenstand ist eine gemeinsame Analyse, inwieweit die Abwesenheit auch im Zusammenhang mit der Arbeitssituation steht.

Perspektivenreichtum
Dem Mitarbeiter sind alle Möglichkeiten weitergehender Unterstützung (z. B. Möglichkeit des Betrieblichen Eingliederungsmanagements) aufzuzeigen.

Sachlichkeit
Auffälligkeiten (z. B. zeitliche Lage der Arbeitsunfähigkeiten) werden sachlich und nicht emotional erörtert.

Lösungsorientiert
Wenn sich Abhilfe schaffen lässt, dann werden gemeinsam Maßnahmen zur Problemlösung entwickelt.

Verbindlichkeit
Vereinbarungen werden schriftlich fixiert und an den Mitarbeiter ausgehändigt. Die Umsetzung wird in einem Folgegespräch überprüft.

Führt das Fehlzeitengespräch nicht zu dem gewünschten Erfolg, schließt sich im Regelfall ein Fehlzeitengespräch der Stufe II an. Ziel ist es, dem Mitarbeiter klarzumachen, dass weitere Fehlzeiten nicht ohne Konsequenzen hingenommen werden. Dennoch ist erneut der Versuch zu unternehmen, nach Möglichkeiten einer Verbesserung der Situation zu suchen. Sollte sich dennoch keine Besserung einstellen oder nachweislich mit Krankmeldungen Missbrauch betrieben werden, sind auch in einem Ansatz des Employee Relationship Management arbeitsrechtliche Schritte nicht auszuschließen.

6.4.4 Beteiligungs- und Mitbestimmungsrechte

Der Betriebsrat darf die Einführung und Anwendung von Krankenrückkehrgesprächen mitbestimmen (§ 87 Abs. 1 Nr. 1 BetrVG). Über die Absicht einer Einführung von formalisierten und strukturierten Rückkehrgesprächen muss der Betriebsrat rechtzeitig und umfassend unterrichtet werden (§ 80 Abs. 2 BetrVG). Sollen Formulare oder Leitfäden Verwendung finden, sind diese ebenso mitbestimmungspflichtig (§ 94 Abs. 1 BetrVG). Das Mitbestimmungsrecht umfasst den Inhalt und den Umfang der Formulare sowie den Verwendungszweck der erhobenen Daten.

6.4.5 Gesprächsführung

Fehlzeiten können nur mit dem Mitarbeiter gemeinsam gelöst werden, daher sind sämtliche Gespräche in einer vertrauensvollen Atmosphäre zu führen. Sinnvoll ist es, Führungskräfte in der Gesprächsführung zu schulen, vor allem, um emotionalen Ausbrüchen entgegenzuwirken. Bei den Gesprächen darf kein Zeitdruck bestehen. Im Vorfeld sollte sich die Klinik klar darüber werden, was das Ziel des Gesprächs ist (z. B. nur Feststellung der Maßnahmen oder zugleich auch Ableitung konkreter Gegenmaßnahmen). Das Gesundheitsgespräch ist freundlich zu eröffnen, Vorwürfe zu Beginn des Gesprächs sind unbedingt zu vermeiden. Es ist sich nach dem Befinden des Mitarbeiters (»Sind Sie wieder vollständig gesund?«) und nach der Arbeitsfähigkeit (»Können Sie bereits wieder alle Tätigkeiten verrichten?«) zu erkundigen. Der Mitarbeiter sollte nach möglichen Ursachen des Fehlens gefragt werden, bei häufigen Fehlzeiten empfiehlt sich die Nachfrage, ob gleiche oder sich ändernde Gründe den Ausfall verursacht haben. Werden betriebliche Ursachen angeführt, ist der Beschäftigte nach Lösungsvorschlägen seinerseits zu fragen. Zum Abschluss sind die Kerninhalte zusammenzufassen.

Fehler bei der Gesprächsführung
Gesundheitsgespräche haben im Regelfall keinen disziplinarischen Charakter, sondern sollen ein Instrument gesundheitsorientierter Personalführung sein. Die Gesprächsführung obliegt der Führungskraft, nicht dem Mitarbeiter. Es ist konstruktiv nach Lösungen zu suchen, Konsequenzen wie Kündigung sind allenfalls in späteren Eskalationsstufen anzusprechen. Eine sachliche Argumentation ist von großer Bedeutung, persönliche Angriffe oder ein ironischer Unterton helfen

nicht, Probleme zu lösen. Negativ behaftete Worte sind zu vermeiden (z. B. »krankfeiern«). Mitarbeitern sollen keine Lösungen aufgezwungen werden, diese sind gemeinsam zu finden und zu vereinbaren. Auch der Mitarbeiter muss unbedingt in ausreichendem Umfang zu Wort kommen. Druck und Stress beim Beschäftigten zu erzeugen, hilft ebenso wenig weiter wie eine nicht zu beweisende Anzweiflung seiner Krankheit. Sensibilität ist das A und O bei diesen Dialogen. Gespräche sind an einem Ort zu führen, wo unbefugte Personen nicht zuhören können. Keinesfalls sollte ein solches Gespräch am Flur oder am Arbeitsplatz des Mitarbeiters stattfinden, wenn die Vertraulichkeit nicht gewährleistet werden kann.

6.5 Betriebliches Eingliederungsmanagement

Krankenhäuser sind zur Durchführung eines Betrieblichen Eingliederungsmanagements (BEM) verpflichtet (§ 84 Abs. 2 SGB IX). Ist ein Mitarbeiter innerhalb von zwölf Monaten länger als sechs Wochen ununterbrochen oder wiederholt arbeitsunfähig, greifen die gesetzlichen Vorgaben des § 84 Abs. 2 SGB IX. Die Klinik als Arbeitgeber hat die Pflicht, nach Möglichkeiten zu suchen, wie die Arbeitsunfähigkeit überwunden und erneuter Arbeitsunfähigkeit vorgebeugt werden kann. Die Interessensvertretung ist einzubinden. Der konkrete Ablauf des BEM ist durch den Gesetzgeber nicht vorgegeben, es werden lediglich Rahmenvorgaben gemacht. Jedes Krankenhaus sollte eine auf die eigenen Gegebenheiten abgestimmte Vorgehensweise entwickeln und diese in jedem Einzelfall anwenden.

Das BEM ist zunächst eine Aufgabe und Verpflichtung des Arbeitgebers, die Umsetzung erfolgt jedoch innerhalb eines Teams aus mehreren Personen. Für den Erfolg entscheidend ist es, wie gut die Zusammenarbeit zwischen den Beteiligten ist. Einbezogen werden zumindest Vertreter des Arbeitgebers, der Interessensvertretung, der Schwerbehindertenvertretung (bei Mitarbeitern mit Schwerbehinderung) und der Betroffene selbst. Weitere mögliche Akteure sind die Personalleitung, der Betriebsarzt, die Sicherheitsfachkraft oder der Arbeitsschutzbeauftragte.

Der Gesetzgeber sieht vor, dass das Betriebliche Eingliederungsmanagement nur mit Zustimmung der oder des Betroffenen greifen kann. Wichtig ist es daher, den Betroffenen die Angst vor dem BEM zu nehmen. Eine Belegschaft wird nur von dessen Sinn und Chancen überzeugt werden können, wenn mit Sensibilität, Offenheit und Transparenz vorgegangen wird.

Zur Lösung des Einzelfalles sind verschiedene Maßnahmen denkbar, zum Beispiel eine Reduzierung der Arbeitszeit, ein Umbau des Arbeitsplatzes nach ergonomischen Kriterien oder technische Arbeitshilfen. Die Bereitschaft, einvernehmliche Lösungen zu finden, ist bei Arbeitgeber und Betroffenem unbedingt erforderlich und Kernvoraussetzung für den Erfolg.

Eine sehr gute Arbeitshilfe stellt die »Handlungsempfehlung zum Betrieblichen Eingliederungsmanagement« des Landschaftsverbandes Rheinland und des Landschaftsverbandes Westfalen-Lippe dar (siehe http://www.lvr.de/media/wwwlvrde/soziales/menschenmitbehinderung¬/arbeitundausbildung/dokumente_229/bem_1/BEM_2015_barrierefrei¬.pdf).

6.6 Implementierung eines Betrieblichen Gesundheitsmanagements

Jeder krankheitsbedingte Fehltag hat direkt monetäre Auswirkungen auf ein Krankenhaus. Je gesünder die Mitarbeiter, desto leistungsfähiger ist das Krankenhaus. Gesundheit und Leistungsfähigkeit sind dabei weder Zufall noch Privatsache der Beschäftigten, sondern Ergebnis einer gesundheitsbewussten Krankenhausführung, also einem gelebten Betrieblichen Gesundheitsmanagement. Kernaspekte sind gesundheitsfördernde Rahmenbedingungen und die Befähigung der Beschäftigten zu gesundheitsgerechtem Verhalten. Gesundheitsmanagement lohnt sich, jeder investierte Euro zahlt sich zwei- bis sechsfach, werden krankheitsbedingte Fehltage vermieden, sogar zehnfach aus (BGW 2011, S. 7).

6.6.1 Schritte der Einführung

Die Einführung eines Betrieblichen Gesundheitsmanagements erfolgt in fünf Schritten (BGW 2011, S. 10ff.) und basiert auf vier Kernprozessen (BGW 2011 S. 14ff.).

Schritt 1: Initiative ergreifen
Die Einführung eines Gesundheitsmanagements muss nicht zwingend von der Geschäftsleitung initiiert werden. Ein Anstoß kann genauso durch einzelne Mitarbeiter oder die Interessenvertretung erfolgen. Erforderlich ist allerdings immer eine Entscheidung der obersten Führungsebene darüber, dass eine Implementierung erfolgen soll. Unerlässlich ist die Beteiligung der betrieblichen Interessenvertretung, sodass das Wissen der Mitarbeiter gezielt eingebracht und notwendige Veränderungen konstruktiv mitgetragen werden. Um erfolgreich zu sein, empfiehlt es sich, die Implementierung eines Betrieblichen Gesundheitsmanagements als Projekt zu definieren und nach den Regeln des Projektmanagements zu bearbeiten. Ein Projekt ist ein neues, zeitlich befristetes, einmaliges und in der Regel komplexes Vorhaben, das mehrere Unternehmensbereiche betrifft. Es hat klar definierte Ziele und erfordert ein systematisches und überprüfbares Vorgehen. All diese Merkmale treffen auf die Einführung eines Betrieblichen Gesundheitsmanagements zu. Unter Projektmanagement werden Methoden und Verfahren zur Planung, Steuerung und Kontrolle von Projekten verstanden (z. B. Netzplantechnik).

Schritt 2: Vorhandene Strukturen und Prozesse nutzen
Das Gesundheitsmanagement umfasst aufgrund seiner Vielfältigkeit verschiedene betriebliche Handlungsfelder. Auf bereits bestehende Strukturen, Prozesse und Gremien sollte unbedingt zurückgegriffen

werden. Beispiele sind in der Klinik etablierte Managementsysteme wie das Qualitätsmanagementsystem oder Gremien wie der Arbeitsschutzausschuss. Für das Betriebliche Gesundheitsmanagement sollen keine Parallelstrukturen aufgebaut, sondern bestehende Systeme genutzt und die neuen Aufgaben darin integriert werden. Dadurch können Kliniken hohe Synergieeffekte erzielen. Das Gesundheitsmanagement kann an der Methodik des Qualitätsmanagements anknüpfen und die dortige Steuerung anhand des PDCA-Regelkreises (Plan – Planen, Do – Ausführen, Check – Kontrollieren, Act – Handeln) durchführen. Ebenso können die im Rahmen des Betrieblichen Gesundheitsmanagements entwickelten Ziele und Maßnahmen im Management-Review, dem regelmäßigen Bericht über den Stand des Qualitätsmanagements, aufgegriffen, überprüft und ausgewertet werden. Bereits vorhandene Personalentwicklungskonzepte oder betriebliche Fort- und Weiterbildungsprogramme stellen Ansatzpunkte für das Gesundheitsmanagement dar (z.B. Fortbildungen zum Thema Gesundheit, Stressmanagement, Burnout-Prävention werden bereits angeboten).

Schritt 3: Steuerkreis einrichten

Das Gesundheitsmanagement braucht ein Gremium und Strukturen, in denen Entscheidungen getroffen und Abläufe koordiniert werden. Die Einsetzung eines Steuerkreises ist daher zu empfehlen. Er ist interdisziplinär und hierarchieübergreifend zusammengesetzt. Zudem sollten der Betriebsarzt, Sicherheitsfachkräfte sowie die betriebliche Interessenvertretung mit eingebunden sein. Der Steuerkreis kann entweder neu gegründet werden oder auch aus einem bereits vorhandenen betrieblichen Gremium gebildet werden (z.B. dem Arbeitsschutzausschuss). Ihm obliegen diverse Aufgaben:

- Projektplanung, -steuerung und -kontrolle
- Erarbeitung eines Gesamtkonzeptes des betrieblichen Gesundheitsmanagements
- Vorentscheidung und Kontrolle über die Umsetzung der Verbesserungsvorschläge
- Steuerung des Finanz- und Zeitbudgets für das Betriebliche Gesundheitsmanagement

- Interne und externe Öffentlichkeitsarbeit in Kooperation mit der Marketing- bzw. Öffentlichkeitsabteilung
- Integration bereits vorhandener Arbeitskreise zur Vermeidung von paralleler Bearbeitung von Themen und zum Einbringen von vorhandenem Wissen

Schritt 4: Projektleistung festlegen
Die Benennung eines Projektleiters ist immer zwingend erforderlich. Der Projektleiter ist für die operative Planung und Steuerung des Projektes verantwortlich. Im Bereich der Planung legt er Ziele sowie die benötigten Ressourcen für deren Erreichung fest. Alle Maßnahmen des Steuerkreises wie die Implementierung von Projekten oder die Einsetzung von Gesundheitszirkeln sollten immer schriftlich vom Projektleiter beauftragt werden. Teilweise ist der Abschluss einer Betriebsvereinbarung sinnvoll oder notwendig.

Schritt 5: Projektgruppen einrichten
Unterhalb des Steuerkreises arbeiten Projektgruppen, die mit einem klaren Arbeitsauftrag definierte Ziele erreichen und dazu konkrete und praxiswirksame Lösungen und Maßnahmen erarbeiten sollen. Betroffene sollen durch die Mitarbeit in Projektgruppen zu Beteiligten gemacht werden, sodass die Qualität und die Akzeptanz des späteren Ergebnisses erhöht werden kann.

6.6.2 Kernprozesse

Um ein Betriebliches Gesundheitsmanagement erfolgreich einzuführen und zu betreiben, sollten ferner vier Kernprozesse beachtet werden. Maßnahmen sollten erst ergriffen werden, nachdem systematisch die betriebliche Gesundheitssituation analysiert worden ist. Auf der Basis der Ergebnisse sind eindeutige Ziele zu formulieren, zielorientierte Maßnahmen abzuleiten und durchzuführen. Anschließend ist die Wirksamkeit zu prüfen und der Grad der Zielerreichung festzustellen. Zudem ist die Wirtschaftlichkeit aller Maßnahmen zu beurteilen.

Kernprozess »Analyse«
Die Gesundheits- und Belastungssituation der Beschäftigten ist regelmäßig zu betrachten, sodass die Bedürfnisse der Mitarbeiter und der bestehende Handlungsbedarf erhoben werden können. Bei der Maßnahmenplanung sind die Einschätzungen und Verbesserungsvorschläge der Angestellten zu berücksichtigen, um deren Akzeptanz zu erhöhen. Jede Bedarfsfeststellung weckt Erwartungen bei den Mitarbeitern, sodass diese gezielt über die ergriffenen Maßnahmen auf dem Laufenden zu halten sind oder über die Gründe aufgeklärt werden sollten, wenn keine Aktivitäten ergriffen werden. Manchmal sind die Effekte, die erreicht werden können, zu gering oder die Aufgaben müssen aus Ressourcengründen hinten angestellt werden.

Zur Analyse existiert eine Vielzahl von Instrumenten. Oftmals bietet sich eine Kombination mehrerer Analyseinstrumente an, um ein genaues Bild der Situation zu gewinnen. Welche Instrumente wie oft und in welcher zeitlichen Abfolge eingesetzt werden sollten, ist abhängig von den zu erreichenden Zielen und der konkreten Situation im Krankenhaus. Wichtige Instrumente sind die Gefährdungsbeurteilung (▶ Kap. 6.3), der Gesundheitsbericht der Krankenkasse, die Mitarbeiterbefragung und die Arbeitssituationsanalyse.

Gesundheitsbericht der Krankenkasse
Ein betrieblicher Gesundheitsbericht gibt Auskunft über den Gesundheitszustand der Mitarbeiter und Belastungsschwerpunkte im Krankenhaus. Eine Informationsquelle sind die Analysen von Arbeitsunfähigkeitsdaten der Krankenkassen. Verglichen werden die Daten des Betriebs mit Branchendaten oder Regionaldaten. Die Aussagekraft eines Gesundheitsberichts erhöht sich, wenn weitere Daten, wie Erkenntnisse der Betriebsmediziner, Mitarbeiterbefragungen oder die Ergebnisse der Gefährdungsbeurteilungen hinzugezogen werden. Diese Bestandsaufnahme erleichtert es, zielgerichtet Maßnahmen zur betrieblichen Gesundheitsförderung zu ergreifen. Anzustreben ist die Entwicklung eines kontinuierlichen Berichtswesens. Ein wichtiges Instrument sind dabei die Arbeitsunfähigkeitsanalysen der Krankenkassen (Gesundheitsberichte). In diesen werden die Häufigkeit und Verteilung gemeldeter Krankheitsfälle in der Klinik, ihre Dauer und die dazuge-

hörige Krankheitsdiagnose ausgewiesen. Die Krankenkasse kann diese Zahlen unter Beachtung des Datenschutzes mit Unternehmensdaten über die Art des Arbeitsplatzes (z. B. Arbeitsbereich Pflegedienst) verknüpfen, an dem ein Beschäftigter tätig ist. Vergleiche der Arbeitsunfähigkeitszeiten und der häufigsten Krankheitsarten mit Durchschnittswerten der Branche sowie betriebsintern zwischen verschiedenen Tätigkeitsbereichen können dazu führen, dass Problembereiche identifiziert werden. Diese dienen als Ausgangspunkt für Maßnahmen im betrieblichen Gesundheitsmanagement.

Mitarbeiterbefragungen
Eine Mitarbeiterbefragung erfasst die gesundheitliche Situation der Beschäftigten. Sie klärt das Interesse der Mitarbeiter an Maßnahmen innerhalb des Gesundheitsmanagements und kann zum Erfassen der Einschätzung der Mitarbeiter zu Arbeitsplatz und Arbeitsumgebung, der subjektiv erfahrenen physischen und psychischen Belastungen, des Verhältnisses zu Kollegen und Vorgesetzten sowie des Betriebsklimas eingesetzt werden. Die Teilnahme ist freiwillig, die Anonymität ist zu gewährleisten. Mitarbeiterbefragungen sind nur dann sinnvoll, wenn die Angaben der Befragten ernst genommen werden und die aufgedeckten Probleme angegangen werden. Sie können im ganzen Krankenhaus oder in einzelnen Abteilungen durchgeführt werden. Schriftliche Befragungen sollten erst ab einer Klinikgröße von mindestens 50 Beschäftigten durchgeführt werden, um statistisch aussagekräftige Ergebnisse zu erhalten. Die Ziele der Befragung sind transparent darzustellen, intern ist die Umfrage bekanntzumachen und für eine Teilnahme zu werben. Insbesondere die Interessensvertretung kann hierbei eine »werbende« Funktion für die Beteiligung einnehmen. Der Fragebogen sollte übersichtlich und klar strukturiert sein und in maximal 20 Minuten zu beantworten sein. Beispiele für mögliche Fragekategorien sind:

- Führung und Zusammenarbeit
- Arbeitsumfeld
- Entlohnung
- Information und Kommunikation
- Körperliche Beschwerden

- Psychische Belastungen
- Betriebsklima

Exemplarisch könnte ein Baustein aus der Kategorie Betriebsklima wie folgt lauten (Unfallkasse des Bundes 2010, S. 27):

Wie empfinden Sie Ihre Arbeitssituation in Bezug auf die folgenden Merkmale:

- Gegenseitige Unterstützung und Hilfestellung unter den Arbeitskollegen
- Konfliktbewältigung unter den Arbeitskollegen
- Arbeitsklima im Team

Die Mitarbeiter werden gebeten, jeweils eine Bewertung unter Zugrundelegen einer fünfstufigen Skala vorzunehmen:

- Sehr schlecht
- Ziemlich schlecht
- Es geht so
- Ziemlich gut
- Sehr gut

Ein kompletter Fragebogen samt Musteranschreiben an die Mitarbeiter und exemplarischer Auswertung ist in der Broschüre »Gute Fragen für mehr Gesundheit« der Unfallkasse des Bundes enthalten (siehe http://www.uk-bund.de/downloads/Gesundheitsf%C3%B6r¬ derung/Mitarbeiterbefragung%20BGM/Brosch%C3%BCre_UK_¬ Bund_Mitarbeiterbefragung_2010.pdf).

Arbeitssituationsanalyse

Die Arbeitssituationsanalyse ist ein Verfahren zur qualitativen Mitarbeiterbefragung und stellt damit eine Alternative zur quantitativen Befragung anhand eines Fragebogens dar. Sie findet im Krankenhaus in strukturierten Workshops statt. In diesen ermitteln die Mitarbeiter in Gruppendiskussionen ungenutzte Ressourcen und Schwachpunkte innerhalb der Arbeitssituationen. Im Mittelpunkt der Betrachtung stehen die Arbeitsumgebung, die Tätigkeit, gesundheitliche Aspekte, das Gruppen- und Betriebsklima sowie die Zusammenarbeit mit Vorgesetzten. Die Beschäftigten sollen mit ihrem Wissen und ihren Erfahrungen als Experten der eigenen Arbeitssituation einbezogen werden. Das Ergebnis ist eine umfassende Analyse der Ist-Situation als Basis der Ableitung weiterer Maßnahmen. Die Arbeitssituationsanalyse wird jeweils mit den Beschäftigten eines Bereichs innerhalb der gleichen Hierarchieebene durchgeführt. Im Anschluss wird zusammen mit den Führungskräften des Bereichs ein Maßnahmenplan aus den Resultaten abgeleitet, in dem Zuständigkeiten und Termine festgelegt werden. Unterstützung bei der Durchführung bietet beispielsweise die Berufsgenossenschaft, die im Rahmen von BGW asita ein standardisiertes Vorgehen entwickelt hat (https://www.bgw-online.de/DE/Arbeitssicher¬heit-Gesundheitsschutz/Organisationsberatung/Beratungsangebote/Ar¬beitssituationsanalyse.html, zuletzt abgerufen am 15.02.2016).

Kernprozess »Interventionsplanung«
Es ist Aufgabe des Steuerkreises, für die Umsetzung Prioritäten zu setzen. Die Priorisierung sollte für die Beschäftigten transparent dargestellt werden. Begründet werden muss, wo Handlungsbedarf gesehen wird und warum und welche Themen in welcher zeitlichen Abfolge bearbeitet werden. Die Mitarbeiter sind jederzeit über den Stand auf dem Laufenden zu halten, dies kann beispielsweise durch Darstellungen im Intranet, über eine Projektwand oder einen Ansprechpartner aus dem Steuerkreis geschehen.

Kernprozess »Intervention«
Auf Basis der Priorisierung folgt in der nächsten Stufe die Umsetzung der Aktivitäten. Um den Erfolg überprüfbar zu machen, sind Ziele der Maßnahme festzulegen, die spezifisch, messbar, akzeptierbar, realisierbar und terminierbar ausformuliert sind. Mit der Umsetzung werden Projektgruppen beauftragt oder einzelne Verantwortliche benannt.

Kernprozess »Evaluation«
Die eingeleiteten Maßnahmen sind auf ihre Ergebnisse hin zu überprüfen. Ob oder mit welchem Teilerfolg die Ziele erreicht wurden, kann

oftmals am besten mit den gleichen Methoden analysiert werden, die für die Bedarfsermittlung in der Ausgangssituation verwendet wurden. So könnte beispielsweise der Fragenkomplex zum Betriebsklima Hinweise geben, in welchen Teilbereichen und in welchem Umfang sich Veränderungen gegenüber der Ausgangssituation ergeben haben. Diese ergebnisbezogene Evaluation überprüft, ob und inwieweit die ursprünglich definierten Ziele erreicht wurden. Die prozessbezogene Evaluation überprüft den Verlauf der Projektarbeit beispielsweise anhand folgender Fragen:

- Gab es besondere Risiken, an denen das Projekt vielleicht fast gescheitert wäre?
- Welche förderlichen Faktoren gab es in der Implementierungsphase?
- Welche betrieblichen oder individuellen Ressourcen konnten genutzt werden?

Um diese Fragen klären zu können, ist es sinnvoll, den Steuerkreis in einem Evaluationsworkshop den Projektverlauf aufarbeiten zu lassen. Dies ist für das Betriebliche Gesundheitsmanagement ein wichtiger Schritt, da für künftige Weiterentwicklungen aus Fehlern oder Vorkommnissen der Vergangenheit gelernt werden kann.

6.7 Führung und Gesundheit

Bei der Umsetzung von Gesundheitsaufgaben im Unternehmen bestehen zwei ergänzende Strategien zur Erhaltung der Mitarbeitergesundheit. Zum einen agiert die Führungskraft im Arbeits- und Gesundheitsschutz als Sicherheitsmanager. Hier wird der gesetzlich geregelten Fürsorgepflicht des Vorgesetzten Rechnung getragen. Im Fokus stehen vor allem technische Themen. Zum anderen existiert die Funktion als Ressourcenmanager, in der soziale, organisatorische und personale

6.7 Führung und Gesundheit

Ressourcen beeinflusst werden können. Es werden dabei insbesondere die weichen Faktoren und psychosoziale Aspekte der Führung aufgegriffen. Ergänzend zum klassischen Schutzmotiv des Arbeitsschutzes tritt somit das Fördermotiv zunehmend in den Vordergrund. Die Gesundheitsaufgaben der Führungskräfte lassen sich in vier Aufgabenfelder unterteilen (Zimber und Gregersen 2007, S. 8ff.):

Aufgabenfeld 1: Gesundheit und Sicherheit zum Ziel und Thema machen

- Mitarbeiterorientierung
- Gesundheitsförderung als Ziel des Krankenhauses
- Strukturen des Gesundheitsschutzes
- Gesundheitswissen und -verantwortung der Führungskräfte

Aufgabenfeld 2: Für Arbeitssicherheit sorgen

- Gesundheitsfragen aktiv aufgreifen
- Gesundheitsthemen als Bestandteil von Dienstbesprechungen
- Betriebliche Angebote zum Gesundheitsschutz

Aufgabenfeld 3: Arbeitstätigkeiten gesundheitsfördernd gestalten

- Zuweisung von Aufgaben und Verantwortlichkeiten
- Gesundheitsgerechte Arbeitsumgebung
- Effiziente Arbeitsorganisation
- Mitarbeiterorientierung bei der Gestaltung der Arbeitsabläufe

Aufgabenfeld 4: Mitarbeiter motivierend und partizipativ führen

- Beteiligung der Mitarbeiter an Entscheidungen
- Anerkennung und Wertschätzung
- Umgang mit Kritik und Konflikten
- Ansprache bei persönlichen Problemen

Die aufgezeigten Handlungsfelder beinhalten neben notwendigen Führungsstrukturen, also formalen Bedingungen, auch das Führungsverhalten der Vorgesetzten. An der Umsetzung der erforderlichen Maßnahmen, die daraus resultieren, sind alle Managementebenen beteiligt. Die ersten beiden Aufgaben liegen vor allem im Verantwortungsbereich des oberen Managements, müssen jedoch gleichwohl von den beiden untergeordneten Managementebenen getragen werden. Das obere Management legt zunächst fest, welcher Stellenwert Gesundheit im Unternehmen zukommt und ob auch über gesetzliche Regelungen hinausgehende Maßnahmen durchgeführt werden sollen. Besondere Bedeutung kommt jedoch den Führungskräften auf mittlerer und unterer Managementebene zu. Führungskräfte auf diesen Hierarchiestufen können einen stärkeren Einfluss auf die Mitarbeiter nehmen, als es im oberen Management möglich ist, da dort geringere operative Personalverantwortung vorherrscht. Die gesundheitsförderliche Gestaltung der Arbeitstätigkeiten fällt in den Aufgabenbereich des mittleren Managements. Die Mitarbeiterführung im Sinne der direkten Interaktion mit den Mitarbeitern ist der mittleren und vor allem der unteren Führungsebene zuzuordnen. Führungskräfte im unteren Management, die unmittelbaren Vorgesetzten, haben die meisten Kontaktpunkte zu den Mitarbeitern und können dadurch den potenziell stärksten Einfluss auf das Gesundheitsverhalten der Mitarbeiter ausüben. Die Umsetzung der genannten Aufgaben verspricht allerdings nur dann den gewünschten Erfolg, wenn sich die Führungskräfte an den nächsthöheren Vorgesetzten orientieren können und von diesem unterstützt werden. Es zeigt sich, dass alle Hierarchieebenen des Krankenhauses an der Gestaltung der gesundheitsorientierten Unternehmenskultur beteiligt sein müssen, ihnen in diesem Zusammenhang jedoch spezifische Aufgaben obliegen, um die nachhaltige Verankerung in dem Bewusstsein der Mitarbeiter zu bewirken.

Studien zeigen, dass die Führungskräfte einen wesentlichen Einfluss auf die Gesundheit von Mitarbeitern haben. Auf der Grundlage von 49 empirischen Untersuchungen konnten diverse Wirkungszusammenhänge belegt werden (Gregersen et al. 2011). Verhaltensweisen des Vorgesetzten wie Ungeduld, Beleidigung und unzureichendes Konfliktmanagement können besonders selbstwertbedrohend wirken und

6.7 Führung und Gesundheit

somit erhöhte Fehlzeiten, hohes Stressempfinden, Langzeiterkrankungen und sogar den Wunsch nach einem Arbeitgeberwechsel auslösen. Weitere Ressourcen, deren positive Korrelation mit Gesundheit gezeigt wurde, stellen die Bereitschaft des Vorgesetzten, Beteiligungsmöglichkeiten einzuräumen, Anerkennung bzw. Wertschätzung und die Kommunikation mit dem Vorgesetzten dar. Diese Faktoren bewirken geringere Fehlzeiten, gute psychische Gesundheit, Arbeitszufriedenheit und ein geringeres Stressempfinden bei den Beschäftigten. Des Weiteren wurden verschiedene Führungsstile auf ihre gesundheitliche Wirkung untersucht. Dabei wirkten transformationale Führung sowie ein mitarbeiterorientierter Führungsstil und in geringerem Maße auch transaktionale Führung gesundheitsfördernd.

Bei der *transformationalen Führung* agiert der Vorgesetze als Vorbild, erzeugt Respekt und Vertrauen, motiviert seine Mitarbeiter, zugleich fördert und unterstützt er diese. Die vier Faktoren der transformationalen Führung sind Charisma, Inspiration/Motivation, intellektuelle Stimulation und individualisierte Fürsorge. Es wurde nachgewiesen, dass Stresssymptome und Burnout mit Anwendung dieses Führungsstils reduziert werden konnten. Chronischer Stress kann durch Einsatz transformationaler Führung vermieden werden. Außerdem nimmt die Bedeutung der Arbeit für die Mitarbeiter zu, was sich wiederum positiv auf deren Wohlbefinden auswirkt.

Der Einsatz der *transaktionalen Führung* erzeugt nur teilweise gesundheitsfördernde Auswirkungen. Transaktionale Führung lässt sich durch den wechselseitigen Austausch von Mitarbeiter und Vorgesetztem charakterisieren und basiert auf dem Prinzip der Verstärkung. Der Vorgesetzte kommuniziert dem Mitarbeiter die gewünschte Leistung und entscheidet je nach Ergebnis, ob der Mitarbeiter mit positiven und negativen Konsequenzen zu rechnen hat. Während der Aufgabenbewältigung setzt er auch korrigierende Maßnahmen ein, um die Zielerreichung sicherzustellen. Er unterstützt die Mitarbeiter, wenn er der Überzeugung ist, dass sie sich anstrengen. Die Dimension der leistungsorientierten Belohnung, also das Austauschprinzip zwischen Leistung und Belohnung, zeigte sich als gesundheitsfördernde Komponente.

Die *Laissez-faire-Führung* ruft eine gesundheitsschädigende Wirkung hervor. Dem Mitarbeiter wird hierbei völlige Aktionsfreiheit gewährt, er führt seine Aufgaben selbstständig durch und der Vorgesetzte gibt weder Anordnungen noch Anregungen. Er greift so nicht in die Handlungsprozesse ein, sondern agiert passiv.

Ein anderes Ergebnis zeigen Untersuchungen zum Konzept der *Aufgaben- und Mitarbeiterorientierung*. Aufgabenorientierung beschreibt das Führungsverhalten, das in unmittelbaren Zusammenhang mit der Arbeitsaufgabe steht. Aufgabenorientierung ist gekennzeichnet durch Verhaltensweisen wie dem Definieren klarer Ziele, Aufzeigen der Wege zum Ziel, Strukturieren von Aufgaben, Aktivieren durch aufmunternde bzw. drängende Worte oder Aussprechen von Anerkennung bzw. Kritik anlässlich einer Kontrolle. Eine hohe Mitarbeiterorientierung kennzeichnet sich durch das positive Verhältnis zwischen Mitarbeiter und Vorgesetztem, das durch Vertrauen, Respekt und Anerkennung gekennzeichnet wird.

Positive Zusammenhänge zwischen mitarbeiterorientierter Führung und Arbeitszufriedenheit, Stress, Burnout sowie anderen gesundheitlichen Beschwerden konnten beobachtet werden. Bei dieser Form der Führung werden den Beschäftigten Mitbestimmungsmöglichkeiten eingeräumt und durch die Vorgesetzten gezeigt, dass ein Interesse an der Person des Mitarbeiters besteht und dieser nicht nur als Arbeitsfaktor gesehen wird.

Bei einer aufgabenorientierten Führung ließ sich keine eindeutige Wirkung auf die Gesundheit feststellen. Hier werden nur an der Aufgabe orientierte Zielvorgaben gemacht, deren Einhaltung durch die Führungskraft überprüft wird. Es bleibt offen, ob nur in Kombination mit mitarbeiterorientierter Führung ein positiver Gesundheitseffekt ausgeübt wird oder sich aufgabenorientierte Führung neutral zur Gesundheit verhält.

7 Talentmanagement – Talente finden, entwickeln und binden

7.1 Inhalt und Bedeutung von Talentmanagement

Talentmanagement umfasst alle Maßnahmen eines Krankenhauses, die sich gezielt mit der Gewinnung, Erhaltung und Entwicklung von gegenwärtigen oder künftigen Mitarbeitern auseinandersetzen, die aufgrund ihrer vergleichsweise knappen, stark nachgefragten und für die Klinik zentralen Schlüsselkompetenzen von Bedeutung sind.

Während in der Industrie viele Unternehmen bereits eine systematische Talentmanagement-Strategie verfolgen, lässt sich das Konzept im Krankenhaussektor bislang nur in Ansätzen und meist bei größeren Anbietern wiederfinden. Es besteht daher ein großes Optimierungspotenzial beim systematischen Umgang mit Talenten.

Auf das Talentmanagement wirken vielfältige Faktoren ein. Im Rahmen des *Wertewandels* verändert sich die Haltung zur Arbeit und Karriere in der Generation Y sowie inzwischen auch bei vielen älteren Beschäftigten. Die zunehmende *Virtualisierung und Digitalisierung der Arbeit* ermöglicht Krankenhäusern, zahlreiche neue Wege in der Ausgestaltung des Talentmanagements zu gehen (z. B. virtuelle Lernangebote). Der »perfekte« *Vorgesetzte* als wichtigster Faktor im Talentmanagement bleibt weiterhin eine Ausnahmeerscheinung, sodass neben den Talenten auch die Führungskräfte im richtigen Umgang mit Talenten gefördert werden müssen. Der Umgang zwischen dem Chefarzt und den Stationsärzten hat sich beispielsweise in den letzten Jahren deutlich verändert, seit am Arbeitsmarkt Knappheit herrscht. Erwartet wird die Abkehr von einer autoritären Führung, die auf Anordnung und Überwachung basiert, hin zu einem Führungsansatz, der auf Einbeziehung und Wertschätzung abzielt. Der demografische Wandel und die steigende Migration von hochqualifizierten Mitarbeitern ins Ausland führen zu einem Rückgang des Arbeitskräfteangebots. Gleichzeitig stammen mehr Beschäftigte nicht mehr aus Deutschland, sodass ein gezieltes Diversity Management integraler Bestandteil der Krankenhausführung werden muss. Darüber hinaus sinkt die Loyalität bestehender Arbeitskräfte zunehmend, während sich die möglichen beruflichen Perspektiven für qualifizierte Arbeitskräfte kontinuierlich verbessern.

Mit einem Talentmanagement-System sollen folgende Ziele erreicht werden (Enaux und Heinrich 2010, S. 11):

- Steigerung der Arbeitgeberattraktivität
- Steigerung der Rekrutierungsqualität
- Verringerung der Rekrutierungskosten
- Transparenz über vorhandene Kompetenzen, Potenziale und Talente
- Zielgerichtete, zielgruppenspezifische und strategiegeleitete Entwicklung von Kompetenzen
- Attraktive Karrierepfade und Entwicklungsmöglichkeiten
- Etablierung einer Leistungskultur
- Sicherstellung der Abdeckung von Schlüsselqualifikationen
- Verstärkte Bindung von Leistungsträgern und Talenten

Um die Ziele erreichen zu können, setzt sich das Talentmanagement im Kern mit zwei Fragen auseinander:

1. *Wie kann das Krankenhaus Talente finden?*
   - Extern: Wie erscheint die Klinik als Arbeitgeber attraktiv und interessant für Talente?
   - Intern: Wie kann man sich einen Überblick über in der Einrichtung vorhandene Talente verschaffen und wie können diese identifiziert werden?
2. *Wie können vorhandene Talente gebunden werden?*
   - Wie muss mit Talenten umgegangen werden, damit diese nicht das Krankenhaus verlassen?

7.1 Inhalt und Bedeutung von Talentmanagement

Damit die aus den Fragen resultierenden Aufgaben überhaupt erst bearbeitet werden können, muss definiert werden, wann aus Sicht des Krankenhauses ein Talent vorliegt. Nur wenn dies bekannt ist, können maßgebliche Attraktivitätsmerkmale für diese Gruppe ermittelt werden und zudem ist ebenso das Vorhandensein einer Beschreibung des Begriffs »Talent« Voraussetzung der Talentidentifikation. Durch die Identifikation interner Talente erfolgt der Zugang zu den Entwicklungsprogrammen, Talent-Pools und Nachfolgelisten des Krankenhauses. Die Identifikation von Talenten erfolgt durch Methoden der Personalbeurteilung, mit deren Hilfe die Potenziale, Leistungen und Kompetenzen der Mitarbeiter transparent werden.

Der Talentbegriff kann eng gefasst werden, also intern nur einen geringen Teil des Personalbestands umfassen (»High Potentials«). Die Personen verfügen über eine Vielzahl von Fähigkeiten und Begabungen. Eine weiter gehende Umschreibung liegt vor, wenn unter Talent jegliche Begabung von Mitarbeitern verstanden wird, die für das Krankenhaus von Bedeutung ist. Die Mehrzahl der Talentmanagement-Systeme in Unternehmen basiert auf einer engen Definition. Die Förderung aller anderen Mitarbeiter wird der klassischen Personalentwicklung zugeschrieben. Eine zu enge Fassung der Beschreibung birgt jedoch die Gefahr, dass diejenigen Mitarbeiter, die sich nicht zu dem Talent-Pool zählen dürfen, frustriert sind und deren Motivation abnimmt. Zudem entsteht durch die Zugehörigkeit zum Pool eine nicht unerhebliche Erwartungshaltung, sodass bei einer zu geringen Förderung aus Sicht des Beschäftigten die an sich positiven Effekte des Talentmanagements ins Gegenteil umgekehrt werden. Es besteht auch hier die Gefahr von Demotivation durch Enttäuschung. Nachfolgend findet folgende Festlegung des Begriffs Talent Verwendung:

Ein Talent zeichnet sich durch das Vorliegen eines hohen Potenzials für die Ausübung einer anspruchsvollen Funktion bzw. die Übernahme einer nächsthöheren Position sowie durch eine hohe Leistung im Rahmen der aktuellen Funktion aus.

7.2 Kernfelder des Talentmanagements

Zur Umsetzung eines Talentmanagements müssen fünf Kernfelder Berücksichtigung finden: Attraction, Onboarding, Development, Retention und Placement (▶ Abb. 7.1). Nur wenn alle fünf Bereiche in ein systematisches Konzept eingebettet sind, kann das Talentmanagement erfolgreich sein.

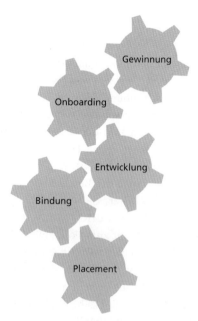

Abb. 7.1: Kernfelder des Talentmanagements

7.2.1 Attraction: Das eigene Krankenhaus als attraktiver Arbeitgeber

Attraction umfasst alle Maßnahmen, mit denen angestrebt wird, das Krankenhaus als Arbeitgeber attraktiv zu machen. Damit ist aber nicht nur die Attraktivität gegenüber externen potenziellen Mitarbeitern ge-

7.2 Kernfelder des Talentmanagements

meint, sondern auch die Aufrechterhaltung der Attraktivität für die bereits vorhandenen Beschäftigten. Ziel ist die Identifikation von Merkmalen, in denen sich die Klinik von Konkurrenten abhebt und die für potenzielle und aktuelle Talente von Bedeutung sind.

> **Beispiel:** Ein Klinikverbund kann bei Ärzten die komplette Facharztweiterbildung im Verbund gewährleisten und garantiert nach Abschluss die Beschäftigung als Oberarzt. Damit kann den Anforderungen nach Stetigkeit des Arbeitsverhältnisses und der individuellen Karriereplanung Rechnung getragen werden.

Um sich als attraktiver Arbeitgeber zu positionieren, findet vermehrt das Konzept des Employer Branding (Arbeitgebermarkenbildung) im Gesundheitswesen Beachtung. Grundidee ist die Übertragung des Konzepts der Markenbildung aus dem Marketing auf das Personalmanagement, um ein Unternehmen als attraktiven Arbeitgeber darzustellen und von anderen Wettbewerbern im Arbeitsmarkt positiv abzuheben. Das Ergebnis von Employer Branding ist die Entstehung einer Arbeitgebermarke (Employer Brand), also die vom Krankenhaus gezielt gestaltete Art und Weise, wie die Klinik im Arbeitsmarkt als Arbeitgeber wahrgenommen wird. Das Ziel von Employer Branding besteht im Kern darin, die Effizienz der Personalrekrutierung wie auch die durchschnittliche Qualität der Bewerber dauerhaft zu steigern. Zudem sollen qualifizierte und engagierte Mitarbeiter durch eine höhere Identifikation und durch den Aufbau einer emotionalen Bindung langfristig an das Krankenhaus gebunden werden.

Das Konzept dient dazu, die besonderen Stärken und Leistungen einer Klinik herauszuarbeiten und daraus eine spezifische Arbeitgeberpositionierung abzuleiten, die Mitarbeiter anzieht und bindet, weil sie sich damit identifizieren. Entsprechen jedoch die Arbeitsbedingungen in der Klinik nicht der Darstellung, hilft auch kein Employer Branding. Eine Arbeitgebermarke kann nur auf vorhandenen Stärken aufgebaut werden. Das Employer Branding muss zudem der Differenzierung vom Wettbewerb dienen. Austauschbare Floskeln hingegen sind keine Grundlage einer starken Arbeitgebermarke. Aktuelle und potenzielle Mitarbeiter erwarten Leistung, leere Versprechungen sind hier fehl am

Platz und führen nur zu Frust, wenn das Ist-Bild nicht dem erwarteten Soll entspricht.

Auf die Arbeitgeberattraktivität wirken nicht nur die eigenen Bemühungen ein, sondern oftmals auch die Meinungen, die über die Trägerschaft des Hauses vorherrschen. Dies zeigte sich beispielsweise in einer Untersuchung von Rochus Mummert, in der die Frage »Arbeitgeberattraktivität von Kliniken: Für welche Träger sich angehende Chefärzte entscheiden« untersucht wurde (https://www.bibliomedmanager.de/¬web/guest/die-woche/-/content/detail/6708467#Story, zuletzt abgerufen am 15.02.2016).

Bundesweit wurden 239 Ärzte in leitenden Funktionen bei deutschen Krankenhäusern befragt. Die Studienteilnehmer bewerteten jeweils ein fiktives Krankenhaus danach, ob es ihnen für eine neue Führungsposition attraktiv erscheint. Nach dem Zufallsprinzip wurden sie auf vier Szenarien aufgeteilt, eine mögliche Führungsposition in einem privaten, freigemeinnützigen, konfessionellen oder öffentlichen Krankenhaus. Auf einer Skala von 1 bis 7 sollten die Teilnehmer angeben, wie sehr sie bestimmte Faktoren den Klinikträgern zuschreiben. 1 stand für »trifft überhaupt nicht zu« und 7 für »trifft voll und ganz zu«.

Kliniken in öffentlicher Hand stellten sich dabei als die für Ärzte attraktivsten Arbeitgeber heraus, gefolgt von freigemeinnützigen und konfessionellen Krankenhäusern. Private Kliniken haben als Arbeitgeber den schlechtesten Ruf. Bei ihnen fürchten Ärzte, dass die Dominanz wirtschaftlicher Ziele ihren Arbeitsalltag bestimmt. Den öffentlichen Krankenhäusern sprechen die befragten Ärzte hingegen die höchste Patientenorientierung und die höchste Ausstattung mit Ressourcen zu. Gerade für kleinere Privatkliniken ist es schwer, damit zu konkurrieren. Daher sind die Mediziner besonders zu einem Wechsel bereit, wenn ihnen die neue Stelle von einer öffentlichen Klinik angeboten wird. Auf der Skala der Wechselbereitschaft erreichen die öffentlichen Träger mit Abstand den höchsten Wert (5,27), gefolgt von den freigemeinnützigen (4,59), konfessionellen (4,18) und privaten Kliniken (3,67).

Positive Gehaltsperspektiven sind für die Attraktivität der Arbeitgeber weniger relevant, stattdessen stehen gute Karrieremöglichkeiten an erster Stelle. Hier werden Krankenhäuser eines öffentlichen oder privaten Trägers besser bewertet als konfessionelle und frei-gemeinnützige Häuser. Die Ärzte sehen dort bessere Möglichkeiten, um sich weiterzuentwickeln.

Die zweithöchste Bedeutung wird dem Faktor Jobsicherheit zugeordnet, gefolgt von der sozialen Kompetenz, den Eigenschaften wie Fürsorge, Freundlichkeit und Großzügigkeit. Diese sehen die Ärzte mit einem Skalenwert von 4,62 vor allem bei konfessionellen Häusern besonders positiv. Freigemeinnützige (4,33) und öffentliche Träger (4,14) liegen knapp dahinter, während privatwirtschaftliche Kliniken nur einen Wert von 3,21 erreichen. Doch obwohl eine hohe Sozialkompetenz das Wahlverhalten der Ärzte positiv beeinflusst, werden gerade konfessionelle Häuser aufgrund ihrer christlichen Wertvorgaben kritisch gesehen. Es wird befürchtet, dass die moralischen Vorgaben den Handlungsspielraum im Job (z. B. Schwangerschaftsabbruch) und im Privatleben (z. B. Scheidung) limitieren könnten. Am schlechtesten ist insgesamt jedoch die Arbeitgeberattraktivität privatwirtschaftlicher Krankenhäuser. Allerdings unterscheiden sich die Kliniken mit privater Trägerschaft mitunter deutlich. Oftmals gelingt es gut, trotz privatwirtschaftlichem Hintergrund im Klinikalltag den Fokus auf die fachliche Kompetenz zu legen. Ergebnis der Studie ist daher auch, dass Ärzte, die bereits in einem privaten Haus gearbeitet haben, diesen Kliniktyp auch wieder wählen würden. Generell weisen die Resultate darauf hin, dass die Erfahrungen bei einem Träger einen Einfluss auf die Frage haben, ob man wieder zu einer Klinik in gleicher Trägerschaft wechseln würde. Sind die bisherigen Erfahrungen positiv gewesen, ist die Bereitschaft zum gleichen Typ wieder zu wechseln höher bzw. der Wunsch nach einem Trägerwechsel geringer ausgeprägt.

Insgesamt ist es daher für Kliniken wichtig, sich nicht nur seiner eigenen Stärken bewusst zu werden, sondern sich auch mit den allgemeinen Bewertungen des Trägertyps zu beschäftigen. Die daraus resultierenden Schwachpunkte sollten beim Aufbau der eigenen Arbeitgebermarke gezielt berücksichtigt werden. So ist es beispielsweise gerade für Kliniken in privater Trägerschaft wichtig zu zeigen, dass sämtliche Leistungen nicht ausschließlich getrieben sind vom Primat der ökonomischen Orientierung, sondern dass Qualität und Menschlichkeit ebenso als wichtige Krankenhausziele angesehen werden.

Um erfolgreich eine Arbeitgebermarke etablieren zu können, muss zudem Klarheit darüber herrschen, welche Erwartungen potenzielle und aktuelle Mitarbeiter an eine Klinik haben. Die dargestellte Studie zeigt einige allgemeine Ergebnisse für Ärzte in leitenden Positionen. Die Wertigkeit der Kriterien kann aber keinesfalls auf alle Berufsgruppen ohne weiteres übertragen werden. Befragungen der Mitarbeiter können helfen, einen besseren Einblick in die Bedürfnisstruktur zu bekommen.

Relevante Bereiche sind beispielsweise:

- Karriere- und Entwicklungsmöglichkeiten
- Gehaltsperspektiven und Zusatzleistungen
- Jobsicherheit
- Infrastrukturelle Ressourcen (z. B. Geräteausstattung)
- Bedeutung wirtschaftlicher Ziele
- Einfluss von Unternehmenswerten auf die Tätigkeit (z. B. christliche Grundwerte)
- Kollegialität
- Umgang mit Mitarbeitern (z. B. Trennungs- und Führungskultur)
- Patientenorientierung
- Externes Image
- Ausgewogenheit von Privat- und Berufsleben

7.2.2 Onboarding: Den Mitarbeiter ins Krankenhaus integrieren

Besonders bei Neueinsteigern ist die Kündigungsquote hoch, bis zu einem Drittel der neuen Mitarbeiter verlässt das Unternehmen innerhalb des ersten Jahres wieder. Immer mehr Beschäftigte haben sehr konkrete Erwartungen an den Job und an das Krankenhaus als Arbeitgeber. Sind die Menschen über die Arbeitsstelle dann enttäuscht, ist die Bereitschaft, sich nach etwas Neuem umzuschauen hoch. Insbesondere junge Mitarbeiter sind mobil und bereit, für ihre Arbeit umzuziehen. Zudem ist bei diesen Beschäftigten der Wunsch, einem Arbeitgeber das ganze Berufsleben treu zu bleiben, im Gegensatz zu früher kaum mehr vorhanden.

Die Einstellung eines Mitarbeiters kostet viel Zeit und Geld: Auch wenn eine genaue monetäre Bezifferung oftmals schwierig ist, fallen schätzungsweise mindestens 30 % des Jahresgehalts für die gesuchte Position an Kosten an. Kündigt der neue Angestellte innerhalb des ersten Jahres, hat das Krankenhaus kaum eine Chance, seine Investitionen in die Rekrutierung und Einarbeitung zurückzubekommen. So muss beispielsweise ein neuer Chefarzt erst Kontakte zu möglichen Zuweisern und Kostenträgern aufbauen, dies geht nicht von heute auf morgen. Außerdem kostet es oftmals vor allem für Führungspositionen Zeit, jemanden zu finden, der zur Klinik und der Stelle passt. Krankenhäuser müssen deshalb versuchen, die Bindung vor allem im ersten Jahr zu verbessern.

Ursächlich für schnelle Kündigungen ist häufig, dass der neue Mitarbeiter keine tragfähigen Beziehungen im Unternehmen aufbauen kann. Ein funktionierendes internes Netzwerk ist für viele Beschäftigte sehr wichtig. Nur so erhalten sie auch Einblicke in informelle Strukturen und Verflechtungen im Krankenhaus.

Sehr hilfreich zur Realisierung einer strukturierten Einbindung neuer Mitarbeiter sind Onboarding-Programme. Hierunter fallen alle Maßnahmen, die die Integration des Mitarbeiters in das neue Arbeitsumfeld erleichtern sollen. Ziel ist es, dass die neuen Beschäftigten sich willkommen fühlen und auf ihre Tätigkeit so gut wie möglich vorbereitet werden. Aus einem Sprung ins kalte Wasser soll ein geführter Gang in ein wohltemperiertes Wasser werden. Die Programme fördern den Kontakt und Austausch mit erfahrenen Kollegen und bieten Trainings- und Weiterbildungsmöglichkeiten. Wenn Onboarding-Programme gut geplant und ausgeführt werden, hat es den Vorteil, dass die neuen Mitarbeiter schneller »produktiv« werden und gute Arbeitsergebnisse abliefern können. Dies ist möglich, da sie die Kultur des Krankenhauses kennen, die notwendigen Informationen haben und tragfähige Beziehungen und Netzwerke innerhalb und außerhalb der Klinik mit Unterstützung schneller aufbauen können.

Onboarding beginnt aber nicht erst mit dem ersten Arbeitstag. Ein genaues Anforderungsprofil für die Stelle muss erstellt werden. Je präziser die spätere Tätigkeit beschrieben wird, umso besser lassen sich geeignete Bewerber dafür finden. Damit lässt sich bereits im Vorfeld verhindern, dass der neue Mitarbeiter Probleme bei der Bewältigung seiner Aufgaben hat oder von dem Inhalt seiner Tätigkeit enttäuscht ist. Ebenso sind im Bewerbungsgespräch die Aufgaben im Krankenhaus genau zu schildern. Über die Arbeitsbedingungen und die Erwartungen, mit denen er konfrontiert sein wird, müssen die Bewerber vertraut gemacht werden. Denn dadurch kann auch er besser einschätzen, ob der Job der richtige für ihn ist.

Beispiel: Einem Oberarzt, der bislang in einer gastroenterologischen Abteilung in einem Akutkrankenhaus gearbeitet hat und sich nun auf die Stelle als Chefarzt in einer Rehabilitationseinrichtung bewirbt, sollte offen aufgezeigt werden, dass die medizinische Infrastruktur in der Rehabilitation sowie der Schwerpunkt der Tätigkeit sich von seiner bisherigen Arbeitsstelle deutlich unterscheidet. Dies gilt auch für zusätzliche Aufgaben, etwa im Rahmen der Patientenakquise, die oftmals in der Rehabilitationsklinik zu leisten sind.

Sollten fachliche Defizite vorliegen, die sich mittels entsprechender Weiterbildungsmaßnahmen beseitigen lassen, so können diese bereits im Bewerbungsgespräch besprochen werden.

Die Wirksamkeit des Onboardings ist regelmäßig zu messen. Es ist zu hinterfragen, inwieweit die Mitarbeiterbindung durch das Programm tatsächlich erhöht werden kann und welche Kosten mit dem Vorgehen verbunden sind. Zu empfehlen ist daher die Erhebung von Kennzahlen.

Beispiele sind:

- Anteil der Mitarbeiter, die nach der Probezeit übernommen wurden
- Anteil der Mitarbeiter, die das Krankenhaus innerhalb eines Jahres auf eigenen Wunsch hin verlassen haben
- Dauer des Personalbeschaffungsprozesses
- Kosten des Onboarding-Programms insgesamt

7.2 Kernfelder des Talentmanagements

Exemplarisch wird am Anteil der Mitarbeiter, die nach der Probezeit übernommen wurden, der zu empfehlende Inhalt eines Kennzahlenstandard-Datenblattes gezeigt (▶ Tab. 7.1):

Tab. 7.1: Inhalt eines Kennzahlenstandard-Datenblattes

Kennzahlenbezeichnung	Quote erfolgreicher Einstellungen
Beschreibung bzw. Formel	Anzahl übernommener Mitarbeiter / Anzahl eingestellter Beschäftigter x 100
Gliederungsmöglichkeit	Gesamtkrankenhaus, Bereiche, Abteilungen
Erhebungshäufigkeit	Einmal pro Halbjahr zum 30.06. und 31.12.
Anwendungsbereich	Maßzahl für die Effizienz eines Personalprozesses
Kennzahlenzweck	Effektivität des Beschaffungsprozesses
Basisdaten	Zahl der eingestellten Bewerber Zahl der übernommenen Bewerber nach der Probezeit
Vergleichsgrundlagen	Erfahrungswerte, Vergleich zu historischen Werten
Interpretation	Die Kennzahl zeigt die Qualität und Effektivität des Beschaffungsprozesses. Eine hohe Erfolgsquote zeigt, dass die Anforderungsprofile und die Bewerberfähigkeiten zueinander passen. Erkennbar ist die Qualität der Einarbeitung während der Probezeit, der Bewerber ist mit hoher Wahrscheinlichkeit mit dem Krankenhaus zufrieden.

Sinnvoll sind zudem Befragungen der neuen Mitarbeiter nach dem erfolgten Onboarding, um Verbesserungspotenziale innerhalb des Prozesses identifizieren zu können. Auch kündigende Beschäftigte sollten in Austrittinterviews nach den Ursachen ihrer Abkehr vom Arbeitgeber gefragt werden.

Onboarding funktioniert nur, wenn es einen klaren Verantwortlichen gibt, der die einzelnen Schritte abteilungsübergreifend im Blick hat. Oft sind es Kleinigkeiten, wie ein fehlendes Telefon am ersten Arbeitstag oder die fehlerhafte Namenseintragung in Listen, die dazu führen, dass sich der neue Kollege nicht willkommen fühlt. Der Onboarding-Prozess kann bereits in die Phase der Rekrutierung integriert werden, indem beispielsweise der neue Mitarbeiter zu internen Besprechungen eingeladen wird, damit er sich über die Arbeitsstelle einen möglichst realistischen Überblick verschaffen kann.

Oftmals wird auch mit einem Mentoren-Programm gearbeitet. Dem neuen Mitarbeiter wird ein erfahrener Kollege zur Seite gestellt wird. Dieser soll Fragen beantworten, Informationen zur Klinik weitergeben und somit den Einstieg erleichtern. Das Mentorship kann dabei Lücken auffüllen, die selbst gründlich durchdachte Einarbeitungspläne aufweisen. Dem Mentor obliegt insofern die Aufgabe, über die formellen und informellen »Gesetze« in der Organisation und über den Arbeitsplatz zu informieren. Zudem soll er die Integration in die Mitarbeiterschaft unterstützen und bei der Einarbeitung helfen. Es muss darauf geachtet werden, dass der Mentor lediglich eine unterstützende Funktion hat und keinesfalls ein zusätzlicher Vorgesetzter ist. Er darf sich also weder als ein solcher fühlen oder wie ein solcher handeln noch kann der tatsächliche Vorgesetzte seine Führungsaufgaben an den Mentor delegieren und sich so aus der Verantwortung für die Einführung zurückziehen.

Sehr häufig sind Mentoren-Programme bei Nachwuchsführungskräften zu finden. Hierbei übernimmt eine hierarchisch höher gestellte Führungskraft als Mentor für die Nachwuchskraft (Mentee) eine Beratungs- und Unterstützungsrolle. Im Unterschied zu anderen Mentoren hat bei diesen Programmen die Person eine Doppelfunktion: Sie ist Vorgesetzter und Mentor zugleich. Sie soll eine Vorbildfunktion in persönlicher, fachlicher, sozialer und führungsmäßiger Hinsicht sein. Ein Mentoren-Konzept stellt bei Nachwuchsführungskräfte-Programmen ein Mittel der Karriereförderung dar und soll somit die Motivation der neuen Mitarbeiter fördern.

Mentoren-Programme lassen sich sinnvoll ergänzen durch ein Portal für Einsteiger, das Informationen über Arbeitszeitenregelung, Krankmeldung, regelmäßige Meetings und andere Gepflogenheiten bereithält. Denkbar sind soziale Netzwerke, durch die sich neue Mitarbeiter online austauschen können (z. B. Blogs oder Wikis). Diese sind jedoch bislang im Krankenhaussektor kaum anzutreffen.

Zuletzt sind Schulungs- und Trainingsmaßnahmen ein essenzieller Bestandteil des Onboarding-Prozesses. Werden neue Mitarbeiter nicht richtig geschult, besteht die Gefahr, dass sie schnell frustriert sind. Ein Beispiel dafür ist die Schulung zum Umgang von firmeninternen IT-Anwendungen. Schulungen tragen zudem dazu bei, die Beschäftigten auch mit der Krankenhauskultur vertraut zu machen. Sie lernen die Werte der Klinik kennen und machen sich mit der typischen Sprache und Verhaltensweise des Krankenhauses vertraut. Es ist darauf zu achten, die Schulungs- und Trainingsmaßnahmen im richtigen Maße auf den Einarbeitungszeitraum zu verteilen. Ebenso wie zu wenige Informationen kann auch ein Zuviel an Input den Mitarbeiter überfordern und frustrieren.

7.2.3 Development: Mitarbeiter gezielt entwickeln

Development meint den Umgang mit den identifizierten Talenten, also der Frage, wie Talente gefördert werden können.

> **Beispiel:** Systematische Qualifizierungsgespräche werden mit dem Mitarbeiter geführt, um im Dialog den notwendigen Qualifizierungsbedarf zu ermitteln. Es folgt die Auswahl geeigneter interner und externer Angebote zur Qualifikation.

Ein wichtiger Bestandteil der Entwicklungsphase ist das Leistungs- und Kompetenzmanagement. Ein Zusammenhang zwischen der aktuellen Leistung und dem Potenzial eines Mitarbeiters ist nur in eingeschränktem Maße möglich. Talentmanagement muss sich daher zumindest immer mit den Faktoren Potenzial (Entwicklungsmöglichkeiten) und Leistung (aktuelle Performance des Beschäftigten) auseinandersetzen. Es gibt vielfältige Gründe, weshalb ein hohes Potenzial sich nicht in einer entsprechenden Leistung niederschlägt. Ein Beispiel sind Störungen im Privatleben des Mitarbeiters. Sinnvoll ist die Erweiterung der Beurteilung um den Faktor Kompetenz, d. h. um die Fähigkeiten einer Person. Die Kompetenz wird als Basis für die spätere Leis-

tung angesehen. Folglich lässt sich aus einer gegebenen Kompetenzausprägung mit einer relativ hohen Wahrscheinlichkeit die Leistung eines Mitarbeiters vorhersagen, sofern nicht Störfaktoren wie beispielsweise der bereits erwähnte private Stress negativ einwirken.
Kompetenz stellt die Grundlage für Leistung dar. Sind die für eine Tätigkeit erforderlichen Kompetenzen mit hoher Ausprägung vorhanden, so ist die Wahrscheinlichkeit für eine gute Leistung höher als bei einer geringeren. Ebenso kann die Ausprägung einzelner Kompetenzmerkmale als Potenzial angesehen werden. Bislang ungenutzte Fähigkeiten oder solche, die durch Entwicklungsmaßnahmen verbessert werden können, stellen die Basis für mögliche in Zukunft erbringbare Leistungen dar. Die Performance eines Mitarbeiters bezieht sich letztendlich immer auf die Qualität und Quantität der Arbeitsergebnisse der Vergangenheit. Sie ist dadurch im Regelfall gut messbar. Potenzial dagegen ist zukunftsgerichtet und beschreibt die Fähigkeit eines Beschäftigten, andere oder anspruchsvollere Aufgaben zu bewältigen. Potenzialeinschätzung beinhaltet immer die Einschätzung zukünftiger Leistungen und kann daher im Voraus nur abgeschätzt, nicht aber exakt gemessen werden. Kompetenzen wiederum sind die Gesamtheit aller Fähigkeiten und Fertigkeiten, über die ein Mitarbeiter aktuell verfügt. Mit entsprechenden Methoden und Instrumenten sind diese daher auch messbar bzw. beobachtbar.

Beispiel: Das Leistungsmotivationsinventar (LMI) ist ein wirtschaftspsychologisches Testverfahren zur Messung von Leistungsmotivation. Die Bearbeitungsdauer beträgt ca. 35 Minuten. Persönlichkeitstheoretischer Hintergrund ist das Verständnis von Leistungsmotivation als Ausrichtung weiter Anteile der Persönlichkeit auf die Leistungsthematik. Das LMI enthält eine Reihe berufserfolgsrelevanter Dimensionen, die konventionell nicht der Leistungsmotivation zugerechnet werden. Der Test unterscheidet 17 Dimensionen oder »Leistungsorientierungen«, die mit jeweils zehn Items gemessen werden (z. B. Beharrlichkeit, Dominanz, Engagement, Statusorientierung). Neben der vollständigen Testform steht eine Kurzfassung mit 30 Items zur raschen Ermittlung eines Gesamtwerts zur Verfügung.

7.2 Kernfelder des Talentmanagements

Innovationsfähigkeit, -effektivität, Zielerreichung und Ertragskraft eines Krankenhauses hängen maßgeblich von der Fähigkeit ab, die richtigen Kompetenzen aufzubauen sowie vorhandene Kompetenzen und Fähigkeiten der Mitarbeiter zu nutzen und zielgerichtet zu entwickeln. Kompetenzmanagement als zentrale Managementaufgabe dient insbesondere der Nutzung und Entwicklung der Unternehmenskompetenzen und ist somit ein entscheidender Faktor zur langfristigen Sicherung der Wettbewerbsfähigkeit. Durch die Verknüpfung mit der Strategie wird eine Klinik dazu befähigt, ihre strategischen Anforderungen systematisch bis auf die Ebene der Mitarbeiterkompetenzen herunterzubrechen, Kompetenzlücken zu identifizieren und daraus Entwicklungsmaßnahmen abzuleiten. Mit Hilfe des Kompetenzmanagements wird es möglich, die immer komplexer werdenden externen und internen Rahmenbedingungen besser steuer- und kontrollierbar zu machen. Im Hinblick auf zukünftig zu entwickelnde Kompetenzfelder kann das Kompetenzmanagement eine Entscheidungsgrundlage liefern und es ermöglicht dem Krankenhaus aktiv den eigenen Kompetenzbestand zu steuern und zu lenken.

Im Kompetenzmanagement gilt es unter Berücksichtigung der zunehmenden Spezialisierung, der demografischen Entwicklung und des veränderten Lernens, individuelle Ziele der Mitarbeiter sowie die des Krankenhauses in Einklang zu bringen. Das betriebliche Kompetenzmanagement kann somit als Kernaufgabe wissensorientierter Krankenhausführung über das traditionelle Verständnis von Aus- und Weiterbildung hinaus verstanden werden, indem Lernen, Selbstorganisation, Nutzung und Vermarktung der Kompetenzen integriert werden. Kompetenzmanagement versteht sich demnach als eine Managementdisziplin mit der Aufgabe, Kompetenzen zu beschreiben, transparent zu machen sowie den Transfer, die Nutzung und Entwicklung der Kompetenzen, orientiert an den persönlichen Zielen des Mitarbeiters sowie den Zielen der Unternehmung, sicherzustellen (North et al. 2013, S. 22).

Kompetenzen schließen Fertigkeiten, Wissen, Qualifikation etc. ein, lassen sich jedoch nicht darauf reduzieren. Unter Kompetenz kann ein in den Grundzügen eingespielter Ablauf zur Aktivierung, Bündelung und zum Einsatz von persönlichen Ressourcen für die erfolgreiche Bewältigung von anspruchsvollen und komplexen Situationen, Handlungen und Aufgaben verstanden werden. Kompetentes Handeln beruht auf der Mobilisierung von Wissen, von kognitiven und praktischen Fähigkeiten sowie sozialen Aspekten und Verhaltenskomponenten wie Haltung, Gefühlen, Werten und Motivation (OECD 2003, S. 2). Kompetenzen werden aus Ressourcen erzeugt und treten als konkrete Handlung in der jeweiligen Situation in Erscheinung. Persönliche Ressourcen umfassen hierbei unter anderem die Gesamtheit an Wissen, Kenntnissen, Fertigkeiten, Haltungen, Persönlichkeitsmerkmalen, Begabungen, Beziehungen sowie Netzwerken. Kompetenzen sind folglich ein mehrdimensionales Konstrukt. Sie entstehen, indem eine Person ihr Wissen und Können auf ein bestimmtes Handlungsziel hin zu organisieren vermag, eine realistische Handlungsvorstellung entwickelt und sich motivieren kann, zu handeln und die Aufgabe situationsgerecht und erfolgreich zu lösen. In diesem Sinne basiert Kompetenz nicht nur auf Wissen, sondern schließt Haltungen, Werte, Normen, emotionale Aspekte und vor allem die Möglichkeit mit ein, sich selber zu motivieren. Kompetenz ist das Resultat eines dynamischen, offenen Lernprozesses, der zum einen durch die erfolgreiche Aktivierung und Bündelung von unterschiedlichen Ressourcen im Hinblick auf die Bewältigung von spezifischen Aufgabenstellungen und zum anderen durch die Reflexion sowie Verarbeitung der aus der Situation heraus resultierenden Kenntnisse und Erfahrungen entsteht. Vereinfacht dargestellt bedeutet dies, dass Kompetenz die Komponenten Qualifikation, tatsächliche Kenntnisse und Fertigkeiten sowie Disposition verknüpft.

Um Kompetenzen beschreiben und beurteilen zu können, gibt es eine Vielzahl von Kompetenzklassifikationen. Eine der bekanntesten Systematiken ist die Zuteilung von Kompetenzen in die vier Dimensionen Fach-, Methoden, Sozial- und Selbst- bzw. Personalkompetenz.

Fachkompetenz
Umfasst die Fähigkeit, berufsbezogene Kenntnisse so miteinander zu kombinieren, dass gestellte Aufgaben im Arbeitsbereich erfolgreich bewältigt werden können. Gemeint ist folglich fachliches Vermögen, das zum Beispiel im Rahmen der Berufsausbildung (z. B. zum Gesundheits-

7.2 Kernfelder des Talentmanagements

und Krankenpfleger) oder einer Weiterbildung (bspw. IHK-Fachwirt) erworben werden kann und zudem stark durch die Berufserfahrung geprägt wird. Konkrete Bestandteile von Fachkompetenz sind beispielsweise:

- Kenntnis von Fachtermini (z. B. medizinische Fachsprache)
- Umgang mit relevanten technischen Gerätschaften (z. B. Ultraschall)
- Anforderungsgerechte eigenverantwortliche und selbstständige Bewältigung von Aufgaben wie zum Beispiel die Durchführung einer Anamnese im Rahmen einer stationären Aufnahme durch den zuständigen Arzt
- Übertragung von Strategien auf völlig neuartige Sachverhalte (z. B. Übertragung von Wissen aus der Ausbildung zum Industriekaufmann auf Situationen im Klinikmanagement)

Nachgewiesen werden kann die Fachkompetenz durch Zeugnisse, Zertifikate oder Arbeitsproben.

Methodenkompetenz
Methodenkompetenz beschreibt die Fähigkeit, sich Fachwissen zu beschaffen und zu verwerten sowie allgemein mit Problemen umzugehen. Methodenkompetenz ist mitverantwortlich dafür, dass Fachkompetenz aufgebaut und erfolgreich genutzt werden kann. Somit fallen folgende Fähigkeiten unter diesen Kompetenzbereich:

- Beschaffung, Strukturierung und Bearbeitung von Informationen
- Zielgerichteter Rückgriff auf vorhandene Informationen
- Zutreffende Interpretation von Ergebnissen
- Fähigkeit zur Anwendung von Problemlösungstechniken (z. B. Methoden des Projektmanagements)

Sozialkompetenz
Mit Sozialkompetenz ist die kommunikative, integrative und kooperative Fähigkeit eines Beschäftigten gemeint, also die Dialog-, Konsens- und Teamfähigkeit. Aber nicht nur für die Arbeit im Team, sondern

auch für Interaktionen mit Patienten, Angehörigen und Zuweisern sind diese Fertigkeiten unerlässlich. Als Spezialfall der Sozialkompetenz kann die sog. interkulturelle Kompetenz erachtet werden. Diese beschreibt die Fähigkeit, erfolgreich mit Menschen anderer Kulturen umzugehen. Gerade vor dem Hintergrund, dass vermehrt Mitarbeiter aus anderen Ländern im Krankenhaus beschäftigt werden und ein nicht unerheblicher Teil der Patienten aus anderen Kulturen kommt, wächst die Bedeutung der interkulturellen Fähigkeiten. Ein weiterer Aspekt der sozialen Kompetenz ist die emotionale Kompetenz. Hier steht der Umgang mit eigenen und fremden Emotionen im Vordergrund. Dies ist beispielsweise im Arzt-Patienten- oder Arzt-Angehörigen-Gespräch von enormer Bedeutung.

Selbstkompetenz
Selbstkompetenz umfasst die Fähigkeit, sich richtig einschätzen zu können und Bedingungen zu schaffen, um sich im Rahmen der Arbeit zu entwickeln. Hierzu zählen die Offenheit für Veränderungen, das Interesse, aktiv mitzugestalten sowie die Eigeninitiative, sich Situationen und Möglichkeiten zu schaffen. Zudem umfasst dieser Bereich den konstruktiven Umgang mit Kritik.

Bei der Kompetenz- und Leistungsbeurteilung kann eine Vielzahl von Fehlern auftreten, die zu einer falschen Beurteilung des Mitarbeiters führen. Dies führt dazu, dass möglicherweise falsche Entwicklungsmaßnahmen eingeleitet werden oder ein notwendiger Kompetenzaufbau unterbleibt. Im Extremfall kann dies soweit führen, dass eine wichtige Position im Unternehmen mit einer falschen Person besetzt wird. Beurteilungsfehler führen zudem teilweise zu monetären Konsequenzen für den Mitarbeiter, wenn diese direkt mit Zielvereinbarungen in Verbindung stehen. Die nachfolgende Tabelle (▶ Tab. 7.2) zeigt wichtige Beurteilungstäuschungen (North et al. 2013, S. 79ff.).

7.2 Kernfelder des Talentmanagements

Tab. 7.2: Beurteilungsfehler bei der Kompetenz- und Leistungsbeurteilung

Beurteilungstäuschungen	
Erster Eindruck	Es wird innerhalb einer kurzen Zeit eine Einschätzung über Sympathie oder Antipathie zu einer anderen Person getroffen. Die Beurteilung wird dann durch diesen Einfluss nachhaltig positiv oder negativ beeinflusst.
Milde-/Strenge-Effekt	Der Vorgesetzte beurteilt systematisch zu streng oder zu milde. Es liegt ein Referenzfehler im Sinne von Maßstabsfehlern vor.
Selbstbezug	Bei jeder Kompetenzeinschätzung geht der Beurteiler von sich selbst aus. Diese Wertmaßstäbe fließen mit in die Beurteilung ein. Der Beurteiler spiegelt sich sozusagen selbst in der Person wider.
Goldene Mitte	Er wird versuchen, den zu Beurteilenden eher in der Mitte einzustufen, da dort der Beurteiler subjektive empfunden am wenigsten »falsch« machen kann.
Kontrast-Effekt	Die Umgebung prägt die Wahrnehmung des Beurteilers. Kompetenzen, die für ein Krankenhaus selbstverständlich sind, werden in einer Einschätzung schlechter beurteilt. Dagegen werden Kompetenzen überbetont beurteilt, die etwas Besonderes in Kliniken darstellen. In dieser Beurteilung fehlt der realistische Bezug zu objektiveren Reflexionspunkten.
Zeit-Effekt	Die letzten Eindrücke sind besser im Gedächtnis verfügbar und bestimmen das Beurteilungsergebnis.
Teilzeit-Effekt	Werden Mitarbeiter in Vollzeit- und Teilzeitbeschäftigung beurteilt, kann dies beim Beurteiler den Eindruck erwecken, dass Teilzeit ein geringeres Kompetenzniveau erfordert.
Beurteilungsverzerrungen	
Hierarchie-Effekt	Je höher der Rang des Mitarbeiters ist, umso besser die Beurteilung.
Nähe-Effekt	Je näher der Kontakt des Beurteilten zum Beurteiler ist, umso besser fällt die Beurteilung aus.
Unternehmenszugehörigkeits-Effekt	Die Dauer der Zugehörigkeit zum Unternehmen hat direkte Auswirkungen auf das Urteil.
Strategische Beurteilungen	
Rückenwind-Effekt	Werden die Kompetenzprofile zu Beförderungszwecken eingesetzt, werden die Kompetenzen der Mitarbeiter je nach Situation absichtlich verfälscht.

Das strukturierte Mitarbeitergespräch als Grundlage der Kompetenz- und Leistungsbeurteilung kann bei richtiger Anwendung die Talentidentifikation und die darauf aufbauende Konzeption von individuellen Entwicklungsplänen ermöglichen. Es erfolgt periodisch zwischen Führungskraft und seinem Mitarbeiter und ist von alltäglichen Gesprächen zu differenzieren. Inhaltlich setzt es sich aus einem Zielvereinbarungs- und Entwicklungsgespräch zusammen. Neben den Kompetenzen werden in dem Gespräch auch die Leistung, Potenziale und Entwicklungswünsche des Mitarbeiters thematisiert. Hierfür erfolgen ein gemeinsamer Soll-Ist-Vergleich der Leistung der vergangenen Periode sowie die Vereinbarung von Leistungs- und Verhaltenszielen für die kommende Periode. Der Hauptfokus muss auf der Identifikation und Erschließung der Entwicklungspotenziale des Mitarbeiters für weiterführende Aufgaben liegen. Die durchgeführten Zielvereinbarungen gehören zu den wichtigsten Instrumenten der Mitarbeiterführung und Förderung im Krankenhaus. Sie lassen Fortschritte erkennen und geben Aufschluss über die zu erreichenden Ziele. Diese müssen einen Soll-Zustand beschreiben, sich von den Klinikzielen ableiten, messbar, zeitlich terminiert, für den Mitarbeiter herausfordernd und erreichbar sein. Als standardisiertes Führungsinstrument im Unternehmen ermöglicht es der Führungskraft, ihre Rolle als Personalentwickler wahrzunehmen. Das strukturierte Mitarbeitergespräch ist auch ein fester Bestandteil im Personalentwicklungszyklus und sollte ein- bis zweimal im Jahr zwischen Mitarbeiter und Führungskraft durchgeführt werden.

Für die Vermittlung von Wissen, Fähigkeiten und Einstellungen können Krankenhäuser auf fünf Methoden zurückgreifen (Runde et al. 2012, S. 37ff.).

Into the job umfasst alle Maßnahmen, die einen Bewerber auf den Berufseinstieg vorbereiten. Die wichtigste Maßnahme ist die Berufsausbildung oder das Studium. Da Hochschulabsolventen zum Teil nur begrenzt über spezifische Erfahrung in Krankenhäusern verfügen, werden durch Kliniken oftmals Nachwuchs-Führungskräfteprogramme (Trainee-Programme) angeboten. Sie sollen damit für die spätere Übernahme von Führung- und Fachverantwortung gezielt befähigt werden.

Personen, die bereits über ausreichend Berufserfahrung verfügen, stellt die Personalentwicklung *on the job* die gängigste Methode dar.

7.2 Kernfelder des Talentmanagements

Hierunter fallen zum Beispiel systematische Unterweisungen bei neuen Behandlungsmethoden oder Medizinprodukten sowie sämtliche qualifikationsfördernde Aufgabenstellungen, die den Entscheidungs- und Handlungsspielraum der Mitarbeiter erhöhen sollen. Eine typische Maßnahme ist die Job Rotation, bei der der Stelleninhaber gezielt andere Arbeitsplätze kennenlernt. Dies ist etwa im pflegerischen Bereich dadurch möglich, dass Mitarbeiter mit Führungspotenzial auf anderen Stationen oder in anderen Abteilungen eingesetzt werden. So lernen sie vielfältige Teams und Arbeitstätigkeiten kennen und verfügen damit über einen besseren Gesamtüberblick und ein größeres Netzwerk.

Training near the job umfasst Sonderaufgaben, die neben der regulären Tätigkeit zu erfüllen sind. Hierzu zählen Simulatorentrainings (z. B. Heidelberger Anästhesie- und Notfallsimulationszentrum) oder betriebswirtschaftliche Planspiele (z. B. TOPSIM – Hospital Management). Ziel ist es, den Mitarbeitern Wissen und Erfahrung in einem risikolosen Umfeld zu vermitteln, um sie auf die spätere Realsituation gezielt vorbereiten zu können.

Die Personalentwicklung *along the job* bezieht sich auf den Einsatz als Assistent, Stellvertreter oder Nachfolger. Die Übernahme von Aufgaben einer hierarchisch höheren Ebene führt zu einer schrittweisen Vorbereitung auf die neue Position.

Off the job umfasst Maßnahmen wie Vorträge, Fallstudien und E-Learning, bei denen sich der Mitarbeiter im Regelfall nicht im Unternehmen befindet. Erworben werden Fachwissen, das womöglich im Krankenhaus fehlt, oder neue Qualifikationen und Abschlüsse. Anbieter sind die Industrie- und Handelskammern (IHK), Hochschulen und private Institute. Nachteilig ist, dass der stetige konkrete Bezug zur Arbeitstätigkeit nicht umfassend vorhanden ist, allerdings bieten externe Maßnahmen oftmals auch die Möglichkeit, über den Tellerrand des eigenen Klinikums hinauszuschauen. Dies wiederum kann die Grundlage für Neuerungen darstellen, die ohne die Aktivität nicht angestoßen worden wären.

7.2.4 Retention: Die Mitarbeiter an das Unternehmen binden

Die Phase »Retention« hat alle Aktivitäten zum Inhalt, die zur Bindung von Talenten beitragen sollen. Ziel ist die Schaffung einer Umgebung für den Mitarbeiter, die die Leistung und Loyalität und damit die Identifikation des Mitarbeiters mit dem Unternehmen fördert. Mit folgenden Fragen beschäftigt sich das Retention Management:

- Wie kann das Krankenhaus die Arbeitsleistung und die Motivation der Mitarbeiter steigern?
- Wie kann das Krankenhaus die Wertschätzung für die Arbeit der Mitarbeiter hervorheben?
- Welche Maßnahmen können ergriffen werden, um den Identifikationsgrad der Mitarbeiter mit dem Krankenhaus zu erhöhen?
- Wie können das Ansehen und die Wahrnehmung der Klinik in der Öffentlichkeit erhöht werden und eine attraktive Arbeitgebermarke aufgebaut werden?

Von zentraler Wichtigkeit ist es herauszufinden, welche Motivations- und Demotivationsfaktoren bei Talenten bestehen, die zur Bindung bzw. zur Abwanderung führen können. Nur so kann es gelingen, systematisch Barrieren zur Verhinderung eines Wechsels aufzubauen.

Die Phase der Bindung hat vielfach Berührungspunkte zu den anderen Faktoren des Talentmanagements. Einen stark positiven Einfluss hat beispielsweise die Arbeitgebermarke. Werden authentische Botschaften im Employer Branding platziert und der Mitarbeiter sieht diese später auch tatsächlich verwirklicht, trägt dies zu einer Bindung an den Arbeitgeber bei. Ebenso hilft ein strukturiertes Onboarding, den Neuen von Anfang an »an Board« zu holen, ihn mit der Kultur des Krankenhauses und mit allen relevanten Informationen vertraut zu machen. Spätestens hier wird dem Mitarbeiter klar, was dem Krankenhaus wichtig ist und was der Arbeitgeber von seinen Beschäftigten erwartet. Übereinstimmende Werte und das Gefühl, in der Klinik freundlich aufgenommen zu werden, sind ein erster, aber wesentlicher Schritt für ein länger andauerndes Arbeitsverhältnis.

7.2 Kernfelder des Talentmanagements

Strukturierte Mitarbeitergespräche, in denen Erwartungen ausgetauscht werden und Feedback zu den Leistungen und Potenzialen erfolgt, sind eine weitere Grundlage für den stetigen Erwartungsabgleich zwischen Arbeitgeber und Arbeitnehmer. Nur wenn das Krankenhaus die Erwartungen der Mitarbeiter kennt, kann es diese auch bei den künftigen Handlungen berücksichtigen. Der Austausch über Leistungen und Potenziale wiederum hilft dem Beschäftigten zu sehen, wie der Arbeitgeber die derzeitige Performance sieht und welche künftigen Entwicklungsmöglichkeiten bestehen. Im Dialog kann es gelingen, dem Mitarbeiter Entwicklungschancen und Perspektiven zu bieten, um so eine attraktive und herausfordernde Arbeitstätigkeit zu gewährleisten.

Zur Mitarbeiterbindung steht neben den bereits genannten Instrumenten noch eine Vielzahl weiterer Aktivitäten zur Verfügung.

Beispiele sind:

- Attraktive, flexible Arbeitszeitmodelle
- Anreizsysteme wie variable Vergütung oder Statussymbole (z. B. Dienstwagen)
- Verantwortungsspielraum und Freiräume
- Entscheidungs- und Mitgestaltungsmöglichkeiten (partizipative Führung, informelle Gespräche)

In vielen der einsetzbaren Instrumente kommt der Vereinbarung von Zielen eine wesentliche Bedeutung zu. Die Vereinbarungen zu Arbeitszielen und zu persönlichen Zielen sind als Bestandteile von Mitarbeitergesprächen Voraussetzung für ziel- und qualitätsorientiertes Handeln. Die strategischen Ziele des Krankenhauses sollen so durch Vereinbarungen mit den Beschäftigten über alle Ebenen hinweg verknüpft werden. Das Gespräch muss in einem offenen und ehrlichen Dialog geführt werden. Mitarbeitergespräche mit dem Baustein Zielvereinbarung leben von der Gegenseitigkeit. Während der Vorgesetzte die Verantwortung für die Durchführung des Gespräches trägt, liegt die Verantwortung für das Gesprächsergebnis bei beiden Gesprächsbeteiligten. Der Dialog fordert von beiden Gesprächspartnern ein hohes Maß an Offenheit, Ehrlichkeit und Bereitschaft, sich auf die Sichtweise des anderen einzulassen.

Ziele müssen so formuliert werden, dass sie spezifisch (für sich alleine erreichbar), messbar, durch die beteiligten Personen akzeptierbar, realistisch und terminiert sind. Für die Messbarkeit der Ziele sind folglich konkrete Indikatoren zu bestimmen (z.B. Fristen, Zeiträume, Menge, Qualitätsmerkmale, Aufwand, Kosten). In einem späteren Mitarbeitergespräch wird erörtert, ob und zu welchem Grad die Ziele erreicht wurden. Die Anzahl der zu vereinbarenden Arbeitsziele sollte nicht zu hoch sein (Empfehlung: maximal sieben). Die Vereinbarung von persönlichen Zielen fördert die Arbeitszufriedenheit der Mitarbeiter und verhindert Demotivation.

Zielvereinbarungen umfassen qualitative sowie quantitative Aspekte:

- Wie kann eine Tätigkeit besser und/oder kostengünstiger erledigt werden?
- Mit welchen festzulegenden Qualitätsmerkmalen soll eine Leistung erbracht werden?
- Welche Ressourcen sind für einen Vorgang notwendig?
- Welche Fortbildungsmaßnahmen werden für die persönliche Weiterentwicklung benötigt?
- Wie können persönliche Arbeitszeitgestaltung und Belange der Klinik bestmöglich in Einklang gebracht werden?

Ziele beschreiben immer einen gewünschten Soll-Zustand. Im Vordergrund steht nicht, was getan werden muss, sondern was man gemeinsam erreichen will. Ziele sind daher keinesfalls Maßnahmen, es wird nicht vereinbart wie, sondern was erreicht werden soll. Empfehlenswert ist, die Zielvereinbarung schriftlich zu schließen. Zielvereinbarungen entbinden den Vorgesetzten nicht von seiner Führungsverantwortung. Sie haben beratend zur Seite zu stehen und müssen bei Fehlern steuernd eingreifen.

7.2.5 Placement: Die Mitarbeiter richtig einsetzen

Die bloße Rekrutierung von Talenten ist alleine nicht ausreichend. Aufgabe des Placements ist es daher, die Mitarbeiter so auf den Stellen des Krankenhauses einzusetzen, dass eine möglichst weitreichende Übereinstimmung zwischen den Aufgabenanforderungen einer Stelle und der individuellen Leistungsfähigkeit und -bereitschaft besteht. Dadurch soll sichergestellt werden, dass die Fähigkeiten der Beschäftigten als strategische Erfolgsfaktoren wertstiftend im Klinikum eingesetzt werden. Zudem ist zu beachten, dass das Leistungspotenzial der Beschäftigten im Sinne einer effizienten Ressourcennutzung möglichst optimal ausgeschöpft werden sollte und wertvolle Fähigkeiten der Mitarbeiter nicht verschwendet werden. Placement soll daher dazu beitragen, Talenten eine passende Position anzubieten. Im Idealfall ist dies das Ergebnis eines systematischen Nachfolgemanagements. Wird der Mitarbeiter nicht seinen Fähigkeiten entsprechend eingesetzt, so können Probleme wie Überforderung, fehlendeMotivation, mangelndes Commitment bis hin zu einer erhöhten Suchneigung des Mitarbeiters nach einer neuen Arbeitsstelle die Folge sein. Die Aufgaben des Placements können nicht losgelöst von den anderen Aufgabenfeldern des Talentmanagements betrachtet werden. Insbesondere zur Auswahl geeigneter Mitarbeiter und zur Personalentwicklung bestehen enge Anknüpfungspunkte.

Beispiel: In einem Klinikkonzern werden als Talente angesehene Hochschulabsolventen für ein Nachwuchsführungskräfteprogramm eingestellt. In einem zweijährigen Programm lernen diese alle relevanten Bereiche kennen. Es folgt die Beschäftigung als Stellvertreter eines Klinikleiters, damit nach einer weiteren zwei- bis dreijährigen Bewährungsphase selbst eine Klinikleitung übernommen werden kann.

Mit der Übernahme einer neuen Aufgabe geht in der Regel auch eine Steigerung der Motivation des Mitarbeiters einher. Oftmals sind mit der neuen Tätigkeit ein Zuwachs an Einfluss, Gehalt, Prestige, Autonomie, Selbstentfaltungsmöglichkeiten und Verantwortungsspielraum verbunden. Erfolgreiche Platzierungen von Talenten können gut als werbendes Argument gegenüber potenziellen neuen Talenten verwendet werden. Placement wirkt sich damit auch auf die Rekrutierung neuer Mitarbeiter und die Motivation anderer Beschäftigter aus, da offenkundig wird, dass eine Weiterentwicklung im Betrieb nicht nur ein leeres Versprechen ist, sondern gelebte Wirklichkeit.

8 Compliance – den Mitarbeitern Orientierung geben

8.1 Bedeutung von Compliance

Compliance im unternehmerischen Sinn umfasst die Einhaltung von Gesetzen und Verordnungen sowie von internen Organisationsgrundsätzen, Richtlinien und Verhaltenskodizes. Jedes Krankenhaus muss darauf bedacht sein, zumindest gesetzeskonform zu handeln. Rechtsverstöße in Kliniken sind oft spektakulär, schon das Fehlverhalten eines einzigen Mitarbeiters kann das Ansehen der gesamten Einrichtung nachhaltig schädigen. Es droht neben einem Imageverlust eine strafrechtliche Verfolgung sowie monetäre Folgen durch ausbleibende Belegung und Strafzahlungen. Krankenhäuser bewegen sich in einem zunehmend komplexer werdenden regulatorischen und gesetzlichen Umfeld, sodass es für den einzelnen Mitarbeiter kaum mehr möglich ist, stetig mit allen ihn betreffenden Regelungen vertraut zu sein. Kliniken, die auf eine vertrauensvolle Beziehung zu ihren Beschäftigten besonderen Wert legen, werden Compliance-Management-Systeme folglich nicht nur aus eigenem Interesse einführen, sondern auch, um Mitarbeiter davor zu schützen, unbeabsichtigt Fehler zu begehen. Mit einem Compliance-Management-System werden allgemein folgende Zielsetzungen in Verbindung gebracht (Dann 2015, S. 7f.):

- *Schutzfunktion*: Durch die Vermeidung von Gesetzesverstößen sollen Straf-, Bußgeld- und Zivilverfahren gegen Einzelpersonen sowie Sanktionen und Schadensersatzforderungen gegenüber der Klinik verhindert werden. Zudem sollen auch indirekte Schäden (zum Beispiel Reputationsverlust, Reduktion der Arbeitsmoral) vermieden werden.

- *Beratungs- und Informationsfunktion*: Die Beschäftigten sollen über die einzuhaltenden Risiken aufgeklärt werden, um damit ihren Blick für mögliche Risiken zu schärfen.
- *Monitoring-Funktion*: Die Compliance-Strukturen sind durch regelmäßige Überprüfungen hinsichtlich ihrer Wirksamkeit zu kontrollieren und gegebenenfalls anzupassen.
- *Qualitätssicherungs- und Innovationsfunktion*: Qualitätseinbrüche und Missbräuche sollen vorausschauend vermieden werden.
- *Marketing-Funktion*: Der Öffentlichkeit bekannte Compliance Maßnahmen können sich positiv auf das Image des Krankenhauses auswirken.

Ersichtlich ist, dass Compliance Management die Mitarbeiter insbesondere dazu befähigen soll, sich im Klinikalltag korrekt zu verhalten. Verständlich formulierte Verhaltensregeln mit klaren Verantwortlichkeiten helfen den Beschäftigten zu wissen, welches Verhalten gesetzeskonform ist bzw. der Kultur des Krankenhauses entspricht. Dies trägt unmittelbar dazu bei, die Beziehung zu den Mitarbeitern zu verbessern.

8.2 Mitarbeiterbezogene Felder von Compliance

Die Felder, in denen Mitarbeiter Fehler begehen können, sind vielfältig (▶ Abb. 8.1).

Abb. 8.1: Mögliche Fehlerbereiche

Abrechnung
Im Krankenhaus sind oftmals verschiedene Mitarbeiter an der Kodierung von Leistungen beteiligt. Eine falsche Dokumentation kann zu einer nicht gerechtfertigten Abrechnung höher bewerteter Fallpauschalen führen oder es ermöglichen, dass nicht erbrachte Zusatzentgelte abgerechnet werden. Zudem werden teils Leistungen erbracht, ohne dass diese medizinisch indiziert sind. Ein funktionierendes Compliance Management hilft den Beschäftigten, bei Kenntnis solcher Vorkommnisse anonym Meldung erstatten zu können.

Behandlung
Bei der Behandlung bestehen vielfältige Gefahren. Patienten müssen in ausreichendem Umfang rechtzeitig aufgeklärt werden, zudem sind nur medizinisch indizierte Behandlungen vorzunehmen. Ebenso ist darauf zu achten, dass Patienten nicht bevorzugt behandelt werden, da diese selbst oder Angehörige sich vorab erkenntlich gezeigt haben.

Viele in Kliniken erworbene Infektionen wären vermeidbar, wenn Hygieneregeln streng eingehalten würden. Deshalb hat das Thema Hygiene bei der Behandlung einen hohen Stellenwert innerhalb eines Compliance-Systems. Eine wichtige und einfache Maßnahme zur Vermeidung von Krankenhausinfektionen stellt die ausreichende Desinfektion der Hände dar. Die Mitarbeiter sind ausreichend zu schulen, zudem muss die Arbeitsbelastung genügend Zeit für Hygienemaßnahmen ermöglichen.

Arbeitstätigkeit
Verstöße gegen das Arbeitszeitgesetz sind keine Seltenheit, Ruhezeiten werden nicht eingehalten oder die tägliche Höchstarbeitszeit wird regelmäßig überschritten. Eine weitere Problematik kann sich durch eine unangemessene Vergütung ergeben, wenn beispielsweise durch eine nicht korrekte Dokumentation versucht wird, den Mindestlohn zu unterlaufen oder Mitarbeiter in eine zu niedrige Tarifgruppe eingestuft werden. Die Arbeit ist so zu gestalten, dass gesundheitliche Gefährdungen für die Mitarbeiter soweit möglich vermieden werden. Bestehende Gefahren sind zu identifizieren und an ihrer Ursache zu bekämpfen. Ein gutes Beziehungsmanagement gegenüber den Mitarbeitern zeichnet sich auch

dadurch aus, dass eine faire Bezahlung der Tätigkeit erfolgt. Unterlaufen von Mindestlöhnen oder die Nichtbezahlung von Überstunden sind mit einem System des Employee Relationship Management nicht vereinbar.

Datenschutz
Datenschutz bedeutet, dass Patienten vor einer unzulässigen Verarbeitung ihrer personenbezogenen Daten, insbesondere über ihren Gesundheitszustand, geschützt werden. Sie müssen sich vertrauensvoll zum Zweck einer Untersuchung, Behandlung oder Pflege in eine Einrichtung begeben können, ohne fürchten zu müssen, dass die Informationen, die sie offenlegen, zu ihrem Schaden oder Nachteil genutzt werden. Einerseits muss den Beschäftigten klar sein, welche Datenschutzbestimmungen einzuhalten sind, andererseits müssen ihnen aber auch die strukturellen Rahmenbedingungen die Einhaltung ermöglichen. Ein immer wieder anzutreffendes Negativbeispiel sind nicht schallisolierte Türen, durch die Patienten, die im Gang vor der Türe warten, die Gespräche problemlos mithören können.

Korruption
Ein besonders wichtiges Problemfeld stellt korruptes Verhalten dar. Unter Korruption versteht man den Missbrauch von anvertrauten Befugnissen, um einen Vorteil für sich, einen Dritten oder ein Unternehmen zu erlangen. Die Zuwendung erfolgt dabei auf Veranlassung eines Dritten oder eigeninitiativ.

Beispiele:

- Zuweisung gegen Entgelt
- Undurchsichtige Beschaffungsvorgänge
- Teilnahme an Kongressen mit ausführlichem Freizeitprogramm
- Zweifelhafte Beratertätigkeiten

Korruption selbst hat verschiedene Ursachen. Sie kann einerseits aus Unkenntnis darüber entstehen, was zulässig ist und was nicht, andererseits kann es zu bewusstem Fehlverhalten aufgrund situativer und personaler Risikofaktoren kommen. Situative Risikofaktoren liegen vor, wenn es günstige Rahmenbedingungen zur Begehung einer Tat gibt. Dies ist zum Beispiel dann der Fall, wenn ein Mitarbeiter weiß, dass die Verwendung von Drittmitteln nicht umfassend geprüft wird. Personelle Risikofaktoren haben ihren Ursprung nicht aus dem System selbst, sondern im Menschen. Persönliche Probleme wie Überschuldung, Frust, subjektive Unterbezahlung, mangelnde Anerkennung oder ein unangemessener Lebensstandard begünstigen die Entstehung von Fehlverhalten. Ein Mitarbeiter-Beziehungsmanagement-System wird vor allem zum Ziel haben, Beschäftigte vor einer »versehentlichen« Verfehlung zu bewahren, indem diese aufgeklärt werden und sich zudem an klaren Verhaltensvorgaben orientieren können. Zudem trägt es dazu bei, personelle Risikofaktoren zu reduzieren. Ein offener und ehrlicher Umgang zwischen Krankenhaus und Beschäftigten führt dazu, dass genannte Quellen von Korruption wie Unzufriedenheit oder Frust mit einer niedrigeren Wahrscheinlichkeit auftreten. Zur Feststellung besonders korruptionsgefährdeter Arbeitsbereiche sollten alle Arbeitsgebiete im Rahmen einer Risikoanalyse auf ihre Korruptionsgefährdung untersucht werden. In hohem Maße korruptionsgefährdet sind in der Regel Bereiche, in denen durch Entscheidungen von Beschäftigten Andere bedeutende Vorteile erhalten können (z. B. Zugang zu vertraulichen Informationen wie Patientendaten). Eine erhöhte Korruptionsgefahr ist dann anzunehmen, wenn Erkenntnisse über Korruptionsfälle in dem Arbeitsgebiet bei anderen Kliniken vorliegen oder es in dem Arbeitsgebiet in der Vergangenheit Verstöße gegen hausinterne Regelungen gab. In den gefährdeten Bereichen sind die einzelnen Arbeitsabläufe auf das bestehende Korruptionsrisiko zu untersuchen. Zu bewerten sind ferner die bereits vorhandenen Schutzmaßnahmen und deren Wirksamkeit.

Um Korruption vorbeugen zu können, sollten den Mitarbeitern folgende fünf allgemeine Bewertungskriterien an die Hand gegeben werden:

- *Trennungsprinzip:* Zuwendungen müssen unabhängig von Beschaffungsentscheidungen und Umsatzgeschäften sein.

- *Transparenzprinzip:* Alle Zuwendungen und Vergütungen sind gegenüber der Verwaltung offenzulegen. Durch die Vorprüfung kann der Eindruck der Korruption erheblich reduziert werden.
- *Dokumentationsprinzip:* Alle Leistungen müssen schriftlich festgehalten werden. Hierin muss detailliert geregelt sein, welcher Art die Zuwendung ist, welchen Zweck sie hat und welche Leistungen konkret erbracht werden.
- *Äquivalenzprinzip:* Leistung und Gegenleistung müssen in einem angemessenen Verhältnis zueinander stehen. Zur Beurteilung können Kriterien wie der Schwierigkeitsgrad der Leistung, die Kompetenz des Leistungserbringers, der Zeitaufwand, die Höhe einer marktüblichen Vergütung oder die Orientierung an amtlichen Gebührenordnungen herangezogen werden.
- *Prinzip der Bargeldlosigkeit:* Geleistete Zuwendungen sind nicht in bar anzunehmen, sondern müssen immer unbar auf ein Konto überwiesen werden.

Anhand der fünf Prinzipien kann der Mitarbeiter eine erste Abschätzung vornehmen, ob ein vorliegender Vorgang einer Korruptionsgefahr unterliegt. Genauere Regelungen können in einer Antikorruptionsrichtlinie niedergelegt werden. Auch diese dient dazu, dem Beschäftigten eine klare Orientierungsgrundlage zu geben. Typische Inhalte sind:

Geld- und Sachgeschenke
Korruption beginnt oftmals mit der Annahme von Geschenken, Einladungen oder Vergünstigungen, auf die die Mitarbeiter keinen Anspruch haben. Das kann dazu führen, dass eine wachsende Abhängigkeit der Beschäftigten erzeugt wird. Geschenke und sonstige Vergünstigungen dürfen daher nur mit Zustimmung der Verwaltung angenommen werden. Um zahlreiche Einzelfallentscheidungen zu vermeiden, ist es sinnvoll, eine generelle unternehmensweit gültige Regelung zu erlassen. In dieser kann etwa geregelt werden, dass geringwertige Aufmerksamkeiten (zum Beispiel Kalender, einfacher Schreibblock) oder eine angemessene Bewirtung zulässig sind. Zuwendungen von Patienten, die als Würdigung der geleisteten Arbeit

erfolgen, sind zulässig, sofern sie nach dem Abschluss der Behandlung erfolgen. Vor und während des Aufenthalts sind Zuwendungen nicht anzunehmen, da ansonsten die Gefahr besteht, dass Patienten befürchten, nur angemessen behandelt zu werden, wenn sie eine entsprechende Zuwendung leisten.

Mehr-Augen-Prinzip
Das Mehr-Augen-Prinzip wird durch eine Mitprüfung und Kontrolle des Arbeitsergebnisses durch weitere Beschäftigte umgesetzt. Sollte das Prinzip ausnahmsweise nicht möglich sein, ist eine intensive Fach- und Dienstaufsicht anzuraten.

Personalauswahl
Bei Personalentscheidungen ist bei der Besetzung von besonders korruptionsgefährdeten Arbeitsstellen eine Prognose zum Grad der Korruptionsgefährdung des Bewerbers zu erstellen. Hierunter fallen nicht geordnete wirtschaftliche Verhältnisse oder eine Alkohol-, Drogen- bzw. Spielsucht.

Rotation
Größere Kliniken können im Einkauf durch eine Rotation bei den Zuständigkeiten die Gefahr von korruptem Verhalten reduzieren. Eine Rotation ist jedoch an vielen Stellen in der Klinik nicht möglich, sodass geeignete Ausgleichsmaßnahmen zur Korruptionsprävention wie das Mehr-Augen-Prinzip getroffen werden sollten.

Drittmittel
Über alle Zuwendungen müssen schriftliche Verträge erstellt werden. Die Verwaltung sollte frühzeitig an den Verhandlungen mit Drittmittelgebern beteiligt werden. Vertragsabschlüsse dürfen keinesfalls mit projektfremden Bestellungen oder Beschaffungen in Verbindung stehen (sogenannte Kopplungsgeschäfte).

Fortbildungen
Ganz oder teilweise fremdfinanzierte Fortbildungen sind vor Reiseantritt durch die Verwaltung zu genehmigen. Zulässig ist die Über-

nahme von angemessenen Reisekosten, notwendigen Übernachtungskosten sowie der Gebühren für die Fortbildung. Kosten für Bewirtungen dürfen den üblichen Rahmen nicht überschreiten. Als Orientierungswert kann ein Betrag von 60 Euro pro Person angesehen werden. Kosten für Unterhaltung (zum Beispiel Besuch eines Sportevents) sollten vom Zuwendungsgeber nicht erstattet werden. Ebenso sollte keine Verlängerung des Aufenthalts über die Dauer der Fortbildung hinaus durch den Zuwendungsgeber bezahlt werden. Übernimmt der Mitarbeiter selbst einen Teil der Fortbildung als Referent, kann zusätzlich ein angemessenes Honorar bezahlt werden. Das Äquivalenzprinzip ist zu beachten.

Beraterverträge
Beraterverträge werden teilweise zwischen Ärzten und Herstellern bzw. Vertreibern von medizinischen Produkten geschlossen. Zur Korruptionsprävention sollte stets ein schriftlicher Vertrag vorliegen, der Mitarbeiter muss für die Beratungstätigkeit fachlich qualifiziert sein und die Höhe des Honorars muss angemessen sein.

Spenden
Spenden sind Geld- oder Sachmittel, die unabhängig von einer erbringenden Gegenleistung dem Krankenhaus zur Verfügung gestellt werden. Geld- und Sachspenden dürfen immer nur unabhängig von Beschaffungsentscheidungen angenommen werden. Spenden auf Privatkonten sollten stets unterbleiben.
 Eine Sachspende bei einem medizinischen Gerät liegt nur dann vor, wenn es in die Verfügungsgewalt des Klinikums übergeht. Die unentgeltliche Dauerleihgabe solcher Geräte sollte nicht erfolgen. Es ist zu empfehlen, dass eine solche Leihgabe nur zeitlich befristet für maximal sechs Monate vorgenommen wird.

Sponsoring
Unternehmen der pharmazeutischen und medizintechnischen Industrie erklären sich teilweise bereit, Fortbildungsveranstaltungen finanziell zu unterstützen. Die unterstützende Firma darf keinen Ein-

fluss auf Art und Inhalt der Veranstaltung nehmen, zudem ist auf die Unterstützung hinzuweisen. Über die Sponsoring-Maßnahme sollte ein schriftlicher Vertrag geschlossen werden.

Anwendungsbeobachtungen
Anwendungsbeobachtungen sollten nur durchgeführt werden, wenn sie einer wissenschaftlichen Fragestellung dienen. Keinesfalls darf es sich um eine Studie handeln, die der gezielten Vermarktung eines Präparates dient. Unproblematisch ist es, wenn es bei der Studie um die Gewinnung von Daten geht, die für die Zulassung des Arzneimittels von Bedeutung sind. Pauschale Vergütungen sind zu vermeiden, vielmehr sollten einzelne erbrachte Leistungen Grundlage der finanziellen Entschädigung sein. Leistung und Gegenleistung haben sich zu entsprechen.

Beziehung zu niedergelassenen Ärzten
Für die Zuweisung von Patienten dürfen weder Prämien noch andere Vorteile versprochen oder gewährt werden. Es muss für die Patienten sichergestellt werden, dass keine sachfremden Gründe zur Empfehlung des Krankenhauses geführt haben. Kooperationsverträge mit niedergelassenen Ärzten sind grundsätzlich wünschenswert und zulässig. Auch hier gilt es zu beachten, dass die Zusammenarbeit schriftlich niedergeschrieben und das Äquivalenzprinzip eingehalten wird.

Sämtliche Mitarbeiter sind bereits im Rahmen ihrer Einarbeitung für das Thema Korruption zu sensibilisieren und auf die gesetzlichen und hausintern gültigen Regelungen hinzuweisen. Zudem empfiehlt es sich, in regelmäßigen Abständen in den korruptionsgefährdeten Arbeitsgebieten Schulungen zur Korruptionsprävention anzubieten.

Ferner ist die Benennung eines Antikorruptionsbeauftragten anzuraten. Dieser ist Ansprechpartner bei allen internen und externen Hinweisen mit Bezug zu korruptem Verhalten. Seine Aufgabe ist es, allen Meldungen und Auffälligkeiten nachzugehen, die an ihn herangetragen werden. Er berät die Geschäftsleitung, Führungskräfte und Mitarbeiter in allen Belangen der Korruptionsprävention. Zudem wirkt er bei sämtlichen Maßnahmen mit, die der Vorbeugung von Korruption dienen.

8.3 Schlussfolgerungen für das ERM

Um ein rechtskonformes Handeln der Beschäftigten zu ermöglichen, müssen alle relevanten rechtlichen Regelungen identifiziert werden. In einem nächsten Schritt sind daraus Risiken abzuleiten und zu bewerten. Der dritte Schritt beinhaltet die Festlegung von Maßnahmen zur Risikoreduktion und die Schulung der Mitarbeiter. Bei sämtlichen Überlegungen gilt es, die Beschäftigten in den Mittelpunkt der Betrachtung zu stellen. Nur dann, wenn ein stabiles Bewusstsein für Recht und Unrecht vorhanden und in der Krankenhauskultur verankert ist, wird es auch gelebt. Im Rahmen von Informationsveranstaltungen und durch die Präsenz im Intranet können alle Mitarbeiter angesprochen und für das Thema sensibilisiert werden. Ein verständlich formulierter Verhaltenskodex muss entwickelt werden, der den Mitarbeitern klare Handlungsempfehlungen gibt. In die Erarbeitung sind die Beschäftigten mit einzubeziehen. Ein Ansprechpartner muss benannt werden, an den sich die Mitarbeiter wenden können, wenn sie sich nicht sicher sind, wie sie sich in einer konkreten Situation verhalten sollen. Zudem ist die Person auch Anlaufstelle für sämtliche Meldungen über Fehlverhalten. Sicherzustellen ist, dass Fehlverhalten auch anonym gemeldet werden kann. Hierzu empfiehlt sich die Einrichtung von hauseigenen Whistleblowing-Plattformen. Beim Whistleblowing werden Missstände von erheblicher Tragweite gemeldet, es geht nicht nur um die persönlichen Umstände des Whistleblowers, sondern um einen Vorfall, der von allgemeinem Interesse ist. Funktionierende Compliance-Management-Systeme weisen daher eine Schnittmenge zum Employee Relationship Management auf, indem sie maßgeblich dazu beitragen, die Mitarbeiter vor unbeabsichtigten Fehlern zu schützen, ihnen klare Regelungen an die Hand geben und es ermöglichen, Fehlverhalten gezielt melden zu können.

Literatur

Berufsgenossenschaft für Gesundheitsdienst und Wohlfahrtspflege (Hrsg.) (2011) Betriebliches Gesundheitsmanagement. Hamburg: Berufsgenossenschaft für Gesundheitsdienst und Wohlfahrtspflege.

Berufsgenossenschaft für Gesundheitsdienst und Wohlfahrtspflege (Hrsg.) (2012) Gefährdungsbeurteilungen in Kliniken. Hamburg: Berufsgenossenschaft für Gesundheitsdienst und Wohlfahrtspflege.

Bouncken RB, Pfannstiel MA, Reuschl AJ, Haupt A (Hrsg.) (2015) Diversität managen – Wie Krankenhäuser das Beste aus personeller Vielfalt machen. Stuttgart: Kohlhammer.

Bundesministerium für Familie, Senioren, Frauen und Jugend (Hrsg.) (2005) Work Life Balance. Motor für wirtschaftliches Wachstum und gesellschaftliche Stabilität: Analyse der volkswirtschaftlichen Effekte – Zusammenfassung der Ergebnisse. Berlin: Bundesministerium für Familie, Senioren, Frauen und Jugend.

Bundesministerium für Familie, Senioren, Frauen und Jugend (Hrsg.) (2013) Vereinbarkeit von Beruf und Familie im Krankenhaus: Aus der Praxis für die Praxis. Berlin: Bundesministerium für Familie, Senioren, Frauen und Jugend.

Claes J (1982) Personlig Dialektik. Stockholm: Liber.

DAK-Gesundheit (Hrsg.) (2014) DAK-Gesundheitsreport 2014, Hamburg: DAK.

Dann M (2015.) Compliance-Grundlagen. In: Dann M (Hrsg.) Compliance im Krankenhaus: Risiken erkennen – Rahmenbedingungen gestalten, S. 1-29. Düsseldorf: Deutsche Krankenhaus Verlagsgesellschaft mbh.

Doppler K, Lauterburg C (2014) Change Management. Den Unternehmenswandel gestalten. Frankfurt am Main: Campus Verlag.

Enaux C, Heinrich F (2010) Strategisches Talent-Management – Talente systematisch finden, entwickeln und binden. Freiburg: Haufe.

Gardenswartz L, Rowe A (2003) Diverse Teams at Work – Capitalizing on the Power of Diversity. Alexandria: Society for Human Ressource Management.

Glasl F (2004) Konfliktmanagement – Ein Handbuch für Führungskräfte, Beraterinnen und Berater. Stuttgart: Freies Geistesleben.

Gregersen S, Kuhnert S, Zimber A, Nienhaus A (2011) Führungsverhalten und Gesundheit – Zum Stand der Forschung. In: Das Gesundheitswesen, 73. Jg., 1/2011, S. 3-12.

Harrison DA, Price KH, Gavin JH, Florey AT (2002) Time, Teams and Task Performance – Changing Effects of Surface- and Deep-Level Diversity on Group Functioning. In: Academy of Management Journal, No. 1, pp. 1029-1045.

Herrmann L, Jelenski J (2014) Vereinbarkeit von Familie und Beruf – Zeitgemäße Dienstplangestaltung: bedarfs- und mitarbeitergerecht zugleich. In: Naegler H (Hrsg.) Personalmanagement im Krankenhaus – Grundlagen und Praxis. Berlin: Medizinisch Wissenschaftliche Verlagsgesellschaft.

House R et al. (2004) Leadership, culture and organizations – The GLOBE study of 62 societies. Sage: Thousand Oaks CA.

Hüttl P (2007) Arbeitsrechtliche Grundlagen. In: Heberer S. Recht im OP, S. 69-82. Berlin: Medizinisch Wissenschaftliche Verlagsgesellschaft.

Koch A (2004) Change-Kommunikation – Erfolgsfaktoren für unternehmensinterne Kommunikation bei Veränderungsprozessen. Marburg: Tectum Verlag.

Kotter JP (1995) Leading Change – Why Transformation Efforts Fail. In: Havard Business Review 73, no. 2: 59-67.

Lewin K (1947) Frontiers in group dynamics: II. Channels of group life; social planning, and action research. Human Relations, 1, 5–41.

MLP AG (Hrsg.) MLP-Gesundheitsreport 2014. Wiesloch: MLP.

Mohr N, Woehe JM. (1998) Widerstand erfolgreich managen – Professionelle Kommunikation in Veränderungsprojekten. Frankfurt am Main: Campus Verlag.

North K, Reinhard K, Sieber-Suter B (2013) Kompetenzmanagement in der Praxis – Mitarbeiterkompetenzen systematisch identifizieren, nutzen und entwickeln. Wiesbaden: Springer Gabler.

OECD (2003) (Hrsg.) Definition and selection of competencies – Theoretical and conceptual foundations (DeSeCo): Summary of the final report »key competencies for a successful life and a well-functioning society". Paris: OECD.

Otto O, Nikiel A, Löffel M, Fischer T (2012) Erfolgreicher Umgang mit betrieblichen Fehlzeiten – Praxisleitfaden für Personalverantwortliche. Tübingen: abc-Buchverlag.

Pfaff H (2002) Krankenrückkehrgespräche – Zur Ambivalenz einer Sozialtechnologie. Gutachten für die Expertenkommission »Betriebliche Gesundheitspolitik« der Bertelsmann Stiftung und der Hans-Böckler-Stiftung. Köln: Hans-Böckler-Stiftung.

Prümper J, Hamann, K (2012) Gesundheitsgespräche im Wandel – Vom sanktionierenden Krankenrückkehrgespräch zum partnerzentrierten Arbeitsfähigkeitsdialog. In: Personalführung 9/2012, S. 30–37.

Runde A, Da-Cruz P, Schwege P (2012) Talentmanagement – Innovative Strategien für das Personalmanagement von Gesundheitseinrichtungen. Heidelberg: medhochzwei.

Schmola G (2016) Aufnahmemanagement im Krankenhaus. In: Pfannstiel MA, Rasche C, Mehlich H (Hrsg.) Dienstleistungsmanagement im Krankenhaus – Nachhaltige Wertgenerierung jenseits der operativen Exzellenz. Wiesbaden: Springer Gabler.

Stotz W (2007) Employee Relationship Management – Der Weg zu engagierten und effizienten Mitarbeitern. München, Wien: R. Oldenbourg.

Unfallkasse des Bundes (Hrsg.) (2010) Guten Fragen für mehr Gesundheit – Die Mitarbeiterbefragung der Unfallkasse des Bundes für ein fundiertes Betriebliches Gesundheitsmanagement. Wilhelmshaven: Unfallkasse des Bundes.

Vahs D, Weiand A (2013) Workbook Change Management – Methoden und Techniken. Stuttgart: Schäffer-Poeschel-Verlag.

WHO (1986) Ottawa-Charta zur Gesundheitsförderung. Ottawa: WHO.

Wipp M., Aghamiri B, Kämmer K (2009) Fehlzeiten konstruktiv managen – Und wer springt morgen ein? Hannover: Vincentz Network.

Zimber A, Gregersen S (2007): »Gesundheitsfördernd führen«: eine Pilotstudie in ausgewählten Mitgliedsbetrieben – Bisherige Entwicklungsschritte mit Testmaterialien. Hamburg: Berufsgenossenschaft für Gesundheitsdienst und Wohlfahrtspflege.

Internetpräsenzen

www.bgw-online.de
www.bibliomedmanager.de
www.charta-der-vielfalt.de
www.human-change.de
www.lvr.de
www.luxemburger-deklaration.de
www.uk-bund.de

Stichwortverzeichnis

A

Abrechnung 181
Abwesenheitsregelung 49
Abwesenheitsursache 133
Acht-Phasen-Modell 85
Äquivalenzprinzip 184
Arbeitsschutzgesetz 117
Arbeitssicherheitsgesetz 121
Arbeitssituationsanalyse 146
Arbeitsstättenverordnung 119
Arbeitstätigkeit 181
Arbeitszeitmanagement 42
Arbeitszeitmodelle Einführung 50
Attraction 156

B

Bargeldlosigkeitsprinzip 184
Behandlung 181
Belegplätze 53
Benchmarking 99
Betriebliche Gesundheitsförderung 116
Betriebliches Eingliederungsmanagement 139
Betriebliches Gesundheitsmanagement 116, 140
Betriebseigene Kinderbetreuung
– Eigenregie 54
– Kooperationslösung 54
Betriebsfest 97
Betriebssicherheitsverordnung 123
Betriebsverfassungsgesetz 122
Beurteilungstäuschungen 170
Bezugsgruppen ERM 17
Brainwriting 100
Bremser 76

C

Change Management 63
Changing 84
Coaching 109
Compliance 179
Compliance-Felder 180
Compliance-Management-System
– Beratungs- und Informationsfunktion 180
– Marketing-Funktion 180
– Monitoring-Funktion 180
– Qualitätssicherungs- und Innovationsfunktion 180
– Schutzfunktion 179
Customer Relationship Management 14

D

Datenschutz 182
Development 165
Diversity Management
– Begriff 20
– Einführung 32

Stichwortverzeichnis

- Herausforderungen und Perspektiven 30
- Maßnahmen zur Akzeptanzsicherung 35
- Umsetzungsprobleme 34
Diversity-Faktor
- Alter 22
- Behinderung 26
- Geschlecht 25
- Kulturelle Unterschiede 27
- Sexuelle Orientierung 27
Dokumentationsprinzip 184
Drei-Phasen-Modell 82
Drittmittel 185

E

Einführungsschritte ERM 17
Einkommenssteuergesetz 124
E-Learning 108
Externe Berater 95

F

Familienbewusste Personalpolitik 60
Familienservice 57
Feedback 110
Flexibler Arbeitseinsatz 44
Flexi-Dienste 45
Fortbildung 185
Fragebogen 97
Führung
- Aufgabenorientiert 152
- Laissez-faire 151
- Mitarbeiterorientiert 152
- Transaktional 151
- Transformational 151
Führungskräftetraining 107

G

Gefährdung 119
Gefährdungsanalyse 118

Gefährdungsbeurteilung 125
Gegner 77
Geld- und Sachgeschenk 184
Gesundheitsaufgabe 149
Gesundheitsbericht 144
Gesundheitsgespräch 131
Gleitzeit 44
GLOBE-Studie 28

H

Haushaltsservice 57
Hausinterne Zeitschrift 96

I

Indoor-Training 101
Interview 107

J

Joker-Dienst 48

K

Kamingespräch 102
Karenzzeit 45
Kennzahlen der Arbeitsunfähigkeit 134
Kick-off-Veranstaltung 97
Kinderbetreuung 52
Kinderbetreuungszuschuss 52
Kompetenz
- Fachkompetenz 168
- Methodenkompetenz 169
- Selbstkompetenz 170
- Sozialkompetenz 169
Konfliktstufen 103
Kontinuierliche Weiterentwicklung 67
Korruption 182
Kurzmitteilung 95

L

Layers of Diversity 20
Leistungsbeurteilung 109
Leistungsmotivationsinventar 166
Luxemburger Deklaration 115

M

Mediation 103
Mehr-Augen-Prinzip 185
Mitarbeiterbefragung 145
Mitarbeiterbindung 51
Mitarbeitergespräch 172
Mitarbeiterloyalität 15
Mitarbeiterzirkel 106
Moderation 103

N

Notfall- und Randzeitenbetreuung 54

O

Onboarding 160
Open Space 106
Outdoor-Training 101

P

Pausenregelung 45
Personalauswahl 185
Pflegebedürftigkeit eines Angehörigen 58
Placement 177
Planspiel 107
Potenzialanalyse 111
Projektstrukturplan 94
Promotoren 75

R

Rahmenfaktoren von Fehlzeitengesprächen 136
Rede 95
Refreezing 84
Retention 174
Röntgenverordnung 123
Rotation 185
Rufbereitschaft 47
Runder Tisch 102

S

Schwarzes Brett 96
Skeptiker 76
Sonderurlaub 57
Sozialgesetzbuch 124
Soziogramm 101
Stand-by-Dienst 46
Stellenbeschreibung 99
Strahlenschutzverordnung 123
Stressbewältigung und Gesundheitsförderung 56

T

Talentmanagement 153
Team-Servicezeit 44
Teilzeitarbeit 42
Telearbeit 49
Training along the job 173
Training into the job 172
Training near the job 173
Training off the job 173
Training on the job 172
Transparenzprinzip 184
Trennungsprinzip 183

U

Unfreezing 83
Unternehmenstheater 100

Stichwortverzeichnis

V

Vier-Zimmer-Modell 88

W

Widerstand
– Emotional 70
– Politisch 70

– Rational 69
– Umgang 77
– Ursachen 70
Wiedereinstieg in den Beruf 55
Work-Life-Balance
– Begriff 38
– Instrumente 41
– Notwendigkeit 38